언약 속에서 희망을 찾은

# 룻기의 여인들

— 원형수 목사의 룻기 산책

언약 속에서 희망을 찾은

# 룻기의 여인들

— 원형수 목사의 룻기 산책

원형수 지음

대한기독교서회

언약 속에서 희망을 찾은 룻기의 여인들
—원형수 목사의 룻기 산책



2010년 12월 15일 초판 1쇄

지은이/원형수
펴낸이/정지강
펴낸곳/대한기독교서회
편집책임/권오인 · 이혜자 · 민소영

등록/1967년 8월 26일 제-77호
주소/135-090 서울시 강남구 삼성동 169-1
전화/출판 553-0873~4 영업 553-0870~7
팩스/출판 3453-1639 영업 555-7721
e-mail/editor@clsk.org
http://www.clsk.org

직영서점/기독교서회
종로 5가 기독교회관 1층, 전화 744-6733 팩스 745-8064

값/11,000원 책번호/1731
ISBN 978-89-511-1376-5 03230

The Christian Literature Society of Korea, Seoul
Printed in Korea

머리말

# 절규하는 백성들에게 보내는 희망의 메시지

나는 지금까지 룻기에 대해 많은 오해를 하고 있었다. 시부모를 잘 섬기는 것을 가르치거나, 숨겨진 다윗 왕조의 계보를 밝혀주는 책 정도로만 알고 있었던 것이다. 그러나 실은 이스라엘 백성들이 생명처럼 여기던 예루살렘 성전이 무참히 파괴되고, 하나님의 백성이 이방 사람들에게 포로로 붙잡혀가 고역을 당하면서 유일신 신앙에 대한 깊은 회의와 절망에 빠졌을 때, 사사시대에 살았다고 전해지는 한 가족사를 통해 하나님의 백성으로서 어떻게 살아가야 하는지를 보여주는 책이라는 것을 이제야 깨닫게 되었다.

이와 같은 깨달음을 얻게 된 데에는 두 가지 경험이 계기가 되었다. 하나는 2008년 여름 SBS에서 4부작으로 방영한 〈신의 길, 인간의 길〉이라는 다큐멘터리를 보게 된 것이고, 다른 하나는 불교방송에서 매일 방영되는 법륜 스님의 〈즉문즉설〉을 보게 된 것이다.

SBS의 경우 종교와 종교 간의 화해와 소통을 도모한다는 명목으로 기독교의 역사성과 진정성을 무시하고, 예수님을 하나님의 아들이 아니라 일반적인 선지자와 예언자로 끌어내려 기독교를 일반 종교로 전락시키는 충격적인 내용을 방송했다. 특히 제3부 '남태평양의 붉은 십자가'를 보면서 나는 분노를 느끼지 않을 수 없었다. 이는 종교다원주의와 토속화라는 미명하에 기독교 신앙의 근본을 뿌리째 흔들어서 반기독교적인 정서를 심어보려는 의도로밖에 볼 수 없는, 극단적 기독교 폄하 방송이었기 때문이다. 그때 나는 목회자로서 이를 어떻게 대처하고, 어떻게 설명해야 할 것인가에 대해 심각하게 고민했다.

이러한 고민에 더욱 불을 지른 것은 자칭 기독교 명문 가정의 아들로 태어났고, 신학대학을 수석으로 입학하였으나 기독교 신앙에 대해 깊은 회의를 느끼고 자퇴한 이력을 내세우며, 기독교에 대해 맹공을 가하고 있는 도올 김용옥 박사의 기독교 폄하 발언이었다. 그는 광주에서 열린 한 강연에서 "하찮은 종교인 기독교가 오늘날과 같이 큰 성장을 이룬 것은 음악 때문이다."라는 발언을 서슴지 않았다. 이러한 평가가 요즘 지탄받고 있는 종교 지도자들의 도덕적 불감증과 맞물리면서 '신앙이란 도대체 무엇이며 어떻게 믿어야 하는가? 이러한 사회 환경 속에 사는 그리스도인들에게 정말 필요한 것은 무엇인가? 그들의 믿음을 세워주고, 그들의 신앙을 북돋아줄 길은 무엇인가? 누가 진정 이 시대의 신앙적 표준이 될 수 있는가?'에 대해 심각한 고민이 밀려왔다.

그러던 차에 불교방송에서 매일 방영되는 법륜스님의 〈즉문즉설〉을 보게 되었고, 나는 여기서 성경을 어떻게 전하고 어떻게 가르쳐야 할 것인가를 터득하게 되었다. 남편의 언어폭력으로 우울증과 불면증에 시달리고 있던 어느 가톨릭 신자의 질문에 법륜스님은 깜짝 놀랄 만큼 해박한 성경 지식으로 예수님의 삶과 정신을 소개하고, 이를 깨우쳐주며 그 정신으로 살아가야 할 신앙인의 바른길을 제시해주었다. 나는 이를 통해 목회자로서의 사명을 다시 한 번 점검해보게 되었다.

그때 마침 카를로스 메스테르스 신부가 쓴 『나를 복된 여자라 불러주오』를 읽고 있는 터라 룻기에 대한 새로운 안목을 가지게 되었다. 룻기를 읽으면서 2,500여 년 전 이스라엘 백성들의 유일신 신앙에 대한 회의와 의구심, 그리고 하나님의 언약에 대한 깊은 절망이 오늘날 우리 사회의 그리스도인들이 느끼는 깊은 회의와 절망감 내지는 좌절감과 매우 흡사하다는 것을 알게 된 것이다.

하나님은 정말 살아 계시는가? 우리의 믿음은 정당한 것인가? 어떻게 믿고, 어떻게 고백해야 참된 신앙이라고 할 수 있는가? 그리스도인으로 살아간다는 것은 어떻게 사는 것을 의미하는가? 이러한 질문은 예전이나 지금이나 다르지 않다. 룻기가 쓰인 당시의 시대적 아픔과 고뇌는 2,500년이 지난 지금 우리 시대에도 똑같이 느껴지는 문제들이기 때문이다.

룻기는 나오미라는 한 여인의 행적을 통해, 하나님이 존재하지 않는다며 모두가 비웃고 손가락질할지라도, 아무리 부르짖어도 응답이 없고 아무리 통곡해도 대답이 없을지라도, 비록 하나님의 오랜 침묵을 경험할지라도 결코 믿음을 잃지 말라고 당부하고 있다.

이 같은 당부가 있었기에 이스라엘 백성들은 말라기 선지자 이후 거의 400년 동안 지속된 하나님의 깊은 침묵과 고된 시련 속에서도 신앙을 잃지 않고 견뎌낼 수 있었고, 그 시대를 살아갈 수 있는 힘을 얻었던 것이다. 룻기의 저자는 '나오미가 잃은 것은 무엇이고, 나오미가 다시 찾은 것은 무엇인가? 나오미는 언제 나오미라 불렸고, 언제 마라라 불렸는가? 결코 놓쳐서는 안 될 인생의 참된 좌표란 무엇인가?'를 독자들에게 전하고 있다.

룻기를 통해 이와 같은 의미를 깨달았던 1년 반 동안 나는 참으로 행복했다. 이제 그 행복을 함께 나누려고 한다. 내가 룻기로 인해 행복했다면 독자들도 반드시 룻기로 인해 행복할 것이라고 여겨지기 때문이다.

이 책이 출판되도록 도와주신 모든 분들에게 감사를 드린다. 특별히 대한기독교서회 정지강 사장님에게 감사를 드린다. 그리고 서진한 출판국장님과 이 책을 만드느라 고생하신 편집2팀 분들에게 깊은 감사를 드린다. 아울러 집필 과정에서 조언을 아끼지 않고 수정을 도와준 송신일 목사님과 모성숙 사모님께도 감사를 드린다.

나는 이제 또 다시 영적 수행의 길을 떠나고 싶다. 베시카 피시스(Vesica Piscis)의 신비가 묻혀 있는 요한복음의 광맥을 찾아 영적 수행의 길을 떠가고 싶다. 벌써부터 마음이 설레는 것은 갈릴리 해변가에서 "그물을 배 오른편에 던지라"(요 21:6)고 하셨던 주님의 음성이 나즈막히 들려오기 때문이다. "내 귀는 소라 껍질, 바다의 소리를 그리워한다"라고 노래한 장 콕도처럼 그립게 들려오는 그 소리에 조용히 귀를 기울이련다.

2010년 12월
무등골 서재에서
원형수

*Contents*

## 제2부 하나님이 당신을 주관하게 하십시오

## 제3부 하나님의 사랑을 함께 나누십시오

## 제4부 하나님의 뜻에 자신을 굴복시키십시오

제1부

# 하나님이 부르셨던 그 자리로 돌아가십시오

# 탐색

**룻기** 4:17

그의 이웃 여인들이 그에게 이름을 지어 주되
나오미에게 아들이 태어났다 하여
그의 이름을 오벳이라 하였는데
그는 다윗의 아버지인 이새의 아버지였더라

## 룻기로의 여행을 시작하면서

룻기는 룻이라는 모압 여인의 생애에 일어난 사건을 기록한 책이다. 신구약을 통틀어 여성에 관해 쓰인 책은 오직 룻기와 에스더뿐이지만, 룻기와 에스더는 또 다르다. 에스더는 주인공들이 대부분 히브리 사람일 뿐만 아니라 에스더를 제외하고는 모두가 남성들의 이야기인 데 반해 룻기는 이방 여인의 이야기이며, 여자를 남자의 소유물로 여기던 시대에 이스라엘 사람들에게 배타적이던 모압 여인의 이야기인 것이다.

그렇다면 어째서 히브리인들은 이방 여인인 룻의 일대기를 기록하고, 자신들의 종교문서인 정경에 포함시킨 것일까? 이러한 의문을 풀기 위해 먼저 룻기가 언제, 어떤 상황에서, 어떤 목적을 가지고 쓰였는지를 살펴보아야 한다.

### 스토리와 저술 시기가 항상 일치하는 것은 아니다

룻기 1:1과 4:17에서 룻기의 집필 시기를 가늠할 수 있는 정보를 찾을 수 있다. 1:1은 "사사들이 치리하던 때에 그 땅에 흉년이 드니라"고 했고, 4:17은 "그의 이웃 여인들이 그에게 이름을 지어 주되 나오미에게 아들이 태어났다 하여 그의 이름을 오벳이라 하였는데 그는 다윗의 아버지인 이새의 아버지였더라"고 했다. "사사들이 치리하던 때에"라는 표현은 이 책의 배경이 사사시대라는 뜻이다. 그렇다고 이 책이 기록된 때 역시 사사시대인 것은 아니다. 4:17에 "그는 다윗의 아버지인 이새의 아버지였더라"고 했는데, 이러한 표현은 룻기의 저자만이 아니라 독자들까지 '오벳'은 모를지라도 오벳의 손자인 '다윗'에 대해서는 잘 알고 있다는 것을 뜻하기 때문이다. 그러므로 룻기는 최소한 다윗이 등장한 이후에 기록되었다고 보는 것이 옳다. 비록 책의 내용은 사사시대의 이야기이나 룻기가 기록된 때는 다윗의 이름이 독자들에게 널리 알려진 시대인 것이다. 그런 뜻에서 '룻기'라는 문학작품이 쓰인 시기와 '룻기의 시대적 연대'가 일치하는 것은 아님에 틀림없다.

그렇다면 '룻기'라는 문학작품의 저술 시기는 언제였을까? 이에 대한 신학자들의 의견은 각기 다르다. 어떤 신학자는 다윗시대였다고 주장하고, 또 어떤 신학자는 그보다도 600여 년이 지난 바벨론 포로기 이후였을 것이라고 주장한다. 그러나 여러 가지 정황으로 볼 때 룻기가 기록된 시대는 바벨론 포로기 이후인 기원전 450년경이라는 것이 가장 타당성 있는 주장으로 받아들여진다. 그 이유는 크게 세 가지이다. 첫째는 룻기의 시대적 상황이 사사시대임에도 불구하고 사사시대보다는 바벨론 포로기 이후인 기원전 450년경의 시대적 상황과 더 부합하기 때문이고, 둘째는 룻기의 사고방식이 바벨론 포로기 이후에 쓰였다고 여겨지는 제2이사야(더 정확히 말한다면 제3이사야)나 욥기, 요나서 등과도 매우 흡사하기 때문이며, 셋째는 룻기의 서술 방법이 바벨론 포로기 이후의 서술 방법과 일치하기 때문이다.

먼저, 룻기의 시대적 상황이 사사시대보다 바벨론 포로기 이후인 기원전 450년경의 상황과 부합하다고 보는 가장 큰 이유는 룻기 행간에 나타나는 백성의 상황 때문이다. 당시 팔레스타인에서는 가난한 사람들의 땅이 부자들에게 넘어가거나(느 5:1-5), 이방 여인과 결혼함으로 종족이 뒤섞이거나(스 9:1-2, 10:2, 10, 느 13:23-27), 가족과 씨족이 해체되는(느 7:4) 등의 일들이 벌어졌는데 이러한 상황이 바로 룻기의 상황과 매우 유사하다.

다음으로, 룻기의 사고방식이나 서술 방법이 바벨론 포로기 이후의 문서들과 같다고 보는 이유는 룻기의 내용을 눈여겨보면 바로 찾을 수 있다. 가령 엘리멜렉이 흉년으로 굶주리게 되자 이를 참지 못하고 아내와 두 아들을 데리고 모압으로 이사를 간 것(룻 1:1), 이사한 뒤에도 이삭을 주워 연명할 수밖에 없는 상황으로 내몰린 것(룻 2:2) 등이 그렇다. 또한 자식이 없는 가난한 과부는 하나님이 기업으로 주신 땅을 차지할 수 없는 것(룻 4:3), 같은 씨족임에도 불구하고 부자가 가난한 친척의 도움을 거절한 것(룻 4:6), 율법의 내용 그대로가 지켜지지 않은 것(룻 4:3-6), 이해 당사자가 우기지 않으면 다른 사람은 율법을 지킬 생각조차 안 하는 것(룻 3:9, 4:4), 부유한 친척들은 율법에 규정되어(레 25:24-25) 있음에도 가난한 친척과 형제의 권리를 되찾아주려 하지 않는 것(룻 4:8) 등이 그렇다. 율법이 강조하는 나눔과 형제애의 정신이 사라지고(신 15:7-11), 미래에 대한 희망이 없으며(룻 1:3-5), 나라를 잃은 것이 자신들의 죄 때문이라고 탄식하던 때와 같이(시 137편) 당시는 하나님 앞에 죄책감이 가득한 시기(룻 1:13, 21)였다. 바로 이러한 상황이 포로기 이후의 시대 상황을 그대로 반영하고 있다는 점에서 룻기가 쓰인 시기를 바벨론 포로기 이후인 기원전 450년경으로 보는 것이다.

어떤 이들은 『탈무드』에 나오는 유대인의 전설을 인용하여 사무엘을 룻기의 저자로 보기도 하지만, 룻기 4:17에 "그의 이름을 오벳이라 하였는데 그는 다윗의 아버지인 이새의 아버지였더라"고 기록된 것을 보면 다윗은 이미 유명인사가 되어 있었으므로 사무엘 생존 시의 작품이라고 볼 수 없다.

이런 이유들로 룻기를 연구하는 학자들은 대부분 룻기가 비록 사사시대의 한 가정의 이야기를 담고 있지만 그 이야기를 기록한 사람은 기원전 450년경에 살았던 인물로 추정하고 있다.

## 룻기가 쓰이게 된 시대적 상황

그렇다면 기원전 450년경에 살았던 익명의 저자는 어떤 상황에서, 어떤 목적을 가지고 룻기를 쓰게 된 것일까? 여기서 먼저 이스라엘의 역사를 돌아볼 필요가 있다. 룻기의 시대적 상황은 이스라엘의 역사와 결코 무관하지 않기 때문이다.

이스라엘 역사의 근원은 아브라함과 하나님의 언약에서 출발한다. 하나님은 갈대아 우르에서 우상을 숭배하던 '아브람'을 부르셔서 그와의 언약을 통해 그의 이름을 '아브라함'이라 하고, 그와 그의 후손에게 가나안 땅 일경을 주어 영원한 기업이 되게 할 것이며, 하나님은 그들의 하나님이 되고, 그들은 하나님의 백성이 되게 하겠다는 약속(창 17:4-8)을 하셨는데, 이로부터 이스라엘의 역사가 시작된 것이다. 이 언약은 이삭과 야곱을 거쳐 열두 지파의 조상인 열두 아들과 그의 후손들에게 이어진다.

모세 때에 이르러 하나님은 이스라엘 조상들과 맺었던 언약을 기억하시고 그들을 애굽에서 이끌어내신 다음 시내 산에서 다시 언약을 맺으신다. 하나님은 모세를 통해 "너희가 내 말을 잘 듣고 내 언약을 지키면 너희는 모든 민족 중에서 내 소유가 되겠고 너희가 내게 대하여 제사장 나라가 되며 거룩한 백성이 되리라"(출 19:5-6)고 하셨고, 이스라엘 백성들은 일제히 "여호와께서 명령하신 대로 우리가 다 행하리이다"(출 19:8)라고 응답함으로 하나님과 이스라엘 백성들 사이에 언약이 체결된다. 이 언약에 따라 하나님은 이스라엘의 하나님 곧 이스라엘의 왕이 되시고, 이스라엘은 하나님의 백성이 된다. 하나님은 이스라엘의 왕이시기에 자기 백성을 애굽에서 이끌어내셨고, 가나안 땅을 정복하여 자기 백성들에게 분배해주신 것이다. 이스라엘이 다른 나라들과 달리 왕을 세우지 않은 이유는 이것이다. 하나님이 그들의 왕이시고, 그들은 하나님의 백성이기 때문이다.

그러나 가나안에 정착한 이들은 하나님과의 언약을 파기하고 불순종함으로써 하나님의 형벌과 징계를 받는다.(삿 2:1, 11-13, 20, 3:7-9) 거듭된 반역과 이에 대한 하나님의 진노가 반복되다가 이스라엘 백성들은 급기야 블레셋과의 전투에서 하나님의 임재를 상징하는 언약궤를 빼앗기고, 엘리 제사장과 그의 두 아들 홉니와 비느하스마저 비극적인 죽음을 당하자(삼상 4:11) 사무엘에게 '하나님께 구하여 우리에게도 다른 나라들과 같이 왕을 세워달라.'고 요구하기에 이른다. 하나님은 사무엘에게 그들이 왕을 요구하는 것은 "나를 버려 자기들의 왕이 되지 못하게 함이니라"(삼상 8:7)고 하시고, 왕을 세움으로써 일어나게 될 폐해를 언급하게 하신 후, 그래도 요구하자 이를 허락하신다.(삼상 8:4-22) 이러한 과정을 거쳐 사울이 이스라엘의 초대 왕으로 등극했으나 그의 불순종으로 인해 하나님은 사울 왕조를 폐하시고, 다윗을 새 왕으로 세운 후 그의 나라를 영원히 견고하게 하리라는 약속을 하신다.

다윗 왕조는 솔로몬 때까지 통일 왕국을 형성하다가 르호보암 시대에 남북으로 갈린다. 이스라엘이라 불리던 북왕국은 기원전 722년 앗수르에 의해 멸망당하고, 유다라 불리던 남왕국은 기원전 587년에 신흥제국 바벨론에 의해 멸망당한다. 남왕국 유다를 점령한 바벨론은 예루살렘 성전을 파괴하고, 기물을 노략질해간 다음 유다의 귀족들까지 포로로 붙잡아간다. 나라가 이런 지경에 이르자 백성들 중에는 안전한 생활터전을 찾기 위해 애굽이나 모압, 에돔, 암몬 등으로 떠난 사람들도 생겨났다.(렘 40, 42장) 당시 바벨론으로 끌려간 포로들의 이야기는 4대 선지서에 자세히 기록되어 있다.

이러한 역사 속에서 예루살렘이 함락되고 성전이 파괴됨과 동시에 나타난 다윗 왕조의 몰락은 이스라엘 백성들에게 깊은 충격을 남겼다. 어떻게 하나님의 거처로 여겼던 예루살렘 성전이 이방인들에게 무참히 유린당하고, 하나님의 백성이 포로로 붙잡혀갈 수 있단 말인가? 그렇다면 하나님께서 아브라함과 다윗에게 하신 약속은 어찌된 것인가? 이러한 의문이 깊어지면서 조상 대대로 내려오던 신앙에 회의를 갖게 되었고, 유일신 신앙에 대한 혼란 또한 가중되었다.(렘 44:15-19, 겔 20:32) 백성들 사이에서는 하나님의 공의에 대한 의문이 제기되었을 뿐만 아니라(겔 18:2-5, 애 5:7), 이를 하나님의 진노라 여겨 두려움에 떨기도 했고(사 63:19, 겔 33:10, 39:11), 하나님의 자비를 구하며 눈물로 울부짖기도(시 74:9 이하, 애 2:9) 했다.

특히 예레미야애가 3:49-51은 그때의 상황을 이렇게 묘사한다. "내 눈에 흐르는 눈물이 그치지 아니하고 쉬지 아니함이여 여호와께서 하늘에서 살피시고 돌아보실 때까지니라 나의 성읍의 모든 여자들을 내 눈으로 보니 내 심령이 상하는도다."

다른 한편 팔레스타인의 조그만 땅에서 편협한 생각 속에 사로잡혀 살던 이스라엘 백성들은 강대국의 발전된 문화와 거대한 이방 신전을 목격하면서, 약소국가의 수호신인 여호와가 정말 최고의 유일신인가라는 의문이 들었다. 강대국의 침략으로 성전이 헐리고, 기물을 빼앗기고, 나라를 잃은 채 포로로 붙잡히게 되자 '오직 하나님은 한 분이시고, 이방 신들은 존재하지 않는 우상일 뿐'이라고 여겨온 그들의 유일신 신앙이 뿌리부터 흔들릴 위기에 처한 것이다.

'도대체 하나님의 선택받은 민족이 왜 나라를 잃고 유리하는 백성이 되었는가? 왜 하나님의 거룩한 성전이 파괴되고, 바벨론에 포로로 끌려와 시온을 향해 통곡하는 백성이 되었는가?(시 137편) 이스라엘의 하나님이 바벨론의 신보다 능력이 부족해서인가? 이스라엘의 고난과 파멸에 대해 침묵하시는 하나님이라면 그런 하나님을 살아계신다고 할 수 있는가? 진정 하나님은 지금도 만물을 지배하시며 그 백성을 사랑하시고, 유일하신 참 하나님이심에 틀림없는가?'라는 의문이 깊어지기도 했다.

동시대의 작품으로 알려진 문서들을 보면 당시 이스라엘 백성들의 고민이 잘 드러나 있다. 욥기의 경우, 우스 땅에 살았다고 전해지는 전설적인 인물 욥을 통해 '선한 사람이 왜 고통을 받아야 하는가?'라는 질문을 던지고 있는데 이것은 개인적 질문인 것 같지만 사실은 자기 시대의 이스라엘 민족이 겪는 비극적인 역사에 대해 그 원인이 무엇인가라는 신학적 질문을 던지고 있는 것이다. 요나 역시 당시 그들이 직면해 있던 역사적 상황과 사회적 현실에 대해 신학적 질문을 하고 있고, 하박국도 유대에 살고 있는 무죄한 사람들이 왜 앗수르인들과 자기 나라의 임금들에 의해 고난을 당하는가에 대한 깊은 의문을 제기하고 있다.

## 신명기 사가의 역사해석

이 시기에 가장 큰 영향을 미친 것은 전기 예언서들이다. '하나님의 말씀에 순종하면 복을 받고, 불순종하면 저주를 받는다.'는 신명기 28장의 관점에서 역사를 기록하였다 하여 신명기적 역사서라고 불리는 여섯 권의 책(여호수아, 사사기, 사무엘상·하, 열왕기상·하, 기원전 650-550년경 완성)은 북왕국 이스라엘과 남왕국 유다의 멸망을 하나님께 대한 불신앙의 징벌로 소개했다. 신명기 역사가들은 '정말 하나님은 죽었는가? 정말 우리는 하나님으로부터 버림을 받았는가? 이스라엘의 하나님은 바벨론의 하나님보다 능력이 모자란 것인가?'와 같은 질문들에 대해 '아니다'라고 선을 그으며, 이스라엘이 포로생활을 한 것은 이스라엘이 하나님과 함께 시내 산에서 맺은 언약을 파기했기 때문이라고 전한다.

신명기 역사가들은 이스라엘의 역사를 아브라함과 맺은 열조의 언약과 시내 산에서 맺은 율법의 언약을 통해 조명했다. 아브라함과 맺은 열조의 언약이란 "내가 너를 여러 민족의 아버지가 되게 함이니라"(창 17:5)는 언약과 "내가 너와 네 후손에게 네가 거류하는 이 땅 곧 가나안 온 땅을 주어 영원한 기업이 되게 하고 나는 그들의 하나님이 되리라"(창 17:8)고 하신 언약을 가리킨다. 시내 산에서 맺은 율법의 언약이란 하나님과 이스라엘 백성 간에 맺은 언약으로서 하나님의 율례와 법도를 지키면 하나님은 이스라엘의 하나님이 되고, 이스라엘은 하나님의 백성이 되어 가나안 땅에서 영원히 살게 될 것이지만, 불순종하면 저주를 받아 열국으로 흩어지게 된다는 약속을 가리킨다. 이러한 관점에서 신명기 역사가들은 예루살렘 성전이 파괴되고 유다가 멸망한 것은 이스라엘 백성들이 율법의 언약을 파기했기 때문이라고 선포했다.

율법의 언약이 무엇인가? 하나님은 이스라엘의 하나님이 되고, 이스라엘은 하나님의 백성이 된다는 것이다. 그러므로 이스라엘에는 하나님 외에 다른 왕이 존재할 수 없다. 그런데도 이스라엘 백성들이 '우리에게 왕을 세워달라'(삼상 8:4-9)고 요구한 것은 그 자체가 이미 하나님과의 언약을 파기한 것이며, 하나님께서 이를 허락하신 것은 그들의 요구가 어떤 결과를 초래할 것인가를 깨닫게 하기 위해서이다. 그러므로 하나님은 사무엘에게 "이는 그들이 너를 버림이 아니요 나를 버려 자기들의 왕이 되지 못하게 함이니라 내가 그들을 애굽에서 인도하여 낸 날부터 오늘까지 그들이 모든 행사로 나를 버리고 다른 신들을 섬김 같이 네게도 그리하는도다 그러므로 그들의 말을 듣되 너는 그들에게 엄히 경고하고 그들을 다스릴 왕의 제도를 가르치라"(삼상 8:7-9)고 말씀하신 것이다.

하나님의 말씀대로 어느 왕이 하나님의 마음에 합한 적이 있었던가? 성군이라 불리던 다윗도 남의 아내를 빼앗기 위해 충성스런 신하를 사지로 보내 죽이고, 가장 지혜로운 왕으로 손꼽히던 솔로몬도 백성의 고혈을 빨아들이고 우상을 끌어들여 나라를 갈라지게 한 원인을 제공했다. 이스라엘 역사에서는 선한 왕을 찾아볼 수 없었고, 인간 왕들로서는 하나님의 나라를 건설할 수 없었기에 이스라엘 왕조사는 실패한 왕조사가 되고 말았다. 이로 인해 하나님은 인간 왕들의 대안으로 새로운 왕 메시아에 대한 통치를 밝히셨다. 새로운 왕 메시아는 다윗의 집안에서 태어날 것이며 그가 와서 이스라엘을 구원하실 것이라고 하셨다.

이러한 선포와 약속은 시내 산에서 맺은 율법의 언약 훨씬 이전에 아브라함과 맺은 열조의 언약에 근거한다는 것이 신명기 역사가들의 해석이다. 아브라함과 맺은 열조의 언약은 지금도 유효하기에 이스라엘 백성들이 회개하고 돌이키기만 한다면 다시 귀환하게 될 것(신 4:27-31, 28-32장)이라고 했다. 비록 지금은 고통스럽고 절망적이지만 하나님의 말씀에 순종하고 하나님과의 언약을 준수하면 징벌을 받는 중에라도 구원을 받을 것이라고 했다.

후기 예언자들 역시 신명기 역사가와 같은 관점에서 여호와 하나님의 유일하심을 선포하고, 하나님은 역사를 지배하실 뿐만 아니라 역사의 과거와 미래를 아시는 위대하고 전능하신 분이라고 역설했다. 이스라엘이 겪는 비극은 하나님의 신앙에 배치되는 것이 아니라, 민족의 죄에 대한 당연한 징벌로 새로운 미래를 위해 이스라엘을 준비시키는 정화과정이라고 설파하면서, 하나님의 목적은 자기 백성을 정화시켜 반드시 고향으로 귀환하게 하시는 것이라고 강변했다.

예루살렘 성전의 파괴와 유다 왕국의 몰락으로 인해 충격을 받고, 하나님께서 다윗에게 하신 약속(삼하 7장) 곧 "네 나라가 영원하리라"고 하신 언약이 파기된 것으로 여기던 이스라엘 백성들은 신명기 역사가와 후기 예언자들의 권고에 따라 다시 희망을 갖게 되었다. 그들은 절망 속에서 일어나 역사 속에서 활동하시는 하나님을 노래하고 찬양하기에 이르렀고, 하나님의 말씀에 순종하고 하나님과의 계약을 준수하자는 운동을 전개했다. 비록 성전을 잃었지만 성전 대신에 회당을 세우고, 제사 대신에 말씀 연구에 몰두했다. 우리가 오늘날 구약이라고 부르는 대부분의 문서들은 이 당시에 수집, 편집된 것으로, 바벨론 포로기는 이스라엘 역사에서 가장 비극적인 암흑의 시대였지만 영적으로는 신앙의 전환점이 된 희망의 시대였다고 말할 수 있다.

# 통곡

**시편 137:1-5**

우리가 바벨론의 여러 강변 거기에 앉아서
시온을 기억하며 울었도다
그중의 버드나무에
우리가 우리의 수금을 걸었나니
이는 우리를 사로잡은 자가
거기서 우리에게 노래를 청하며
우리를 황폐하게 한 자가 기쁨을 청하고
자기들을 위하여
시온의 노래 중 하나를 노래하라 함이로다
우리가 이방 땅에서
어찌 여호와의 노래를 부를까
예루살렘아 내가 너를 잊을진대
내 오른손이 그의 재주를 잊을지로다

## 룻기의 역사 이해

기원전 559년 바사 왕 캄비세스 1세가 죽자 그의 아들 고레스(키루스 대왕, Cyrus the Great, 기원전 559-529 재위)가 왕위에 올라 550년 메대를 통합하고, 539년 바벨론을 정복함으로써 세계가 그의 지배하에 놓였다. 그러자 제2이사야는 드디어 이스라엘의 참회가 받아들여져서 하나님께서 권능으로 자기 백성을 고향으로 인도할 날이 이르렀다고 선포(사 40:1-11)했다. 제2이사야의 예언대로 바벨론을 정복한 고레스는 538년 포고령을 내려 고향으로 돌아가기 원하는 유대인들에게 귀환을 허용할 뿐만 아니라 성전을 재건하라는 명을 내리고 바벨론에 남아 있는 유대인들에게는 기부금을 통해 성전재건사업을 돕도록 허용했다.

### 꿈에 부푼 귀환

고레스의 포고령에 의해 꿈에 그리던 고국으로 돌아갈 길이 열리자, 유대인들은 황폐화된 예루살렘을 재건하고 이스라엘을 하나님의 다스림을 받는 나라로 다시 세우기 위한 꿈에 부풀어 세 차례에 걸쳐 귀환하였다. 그들은 제2이사야나 예레미야, 에스겔의 예언과 같이 다윗에게서 한 의로운 가지가 일어나 왕이 되어 세상에 공평과 정의를 행하고, 이스라엘은 회복될 것이며(렘 23:5-6, 사 49:8-26), 열방이 와서 그들을 섬기고(사 49:22-23), 황폐한 성읍에 사람들이 모일 것이라는 꿈을 가지고(겔 34:26-30) 귀환했다.

제1차로 바벨론에서의 귀환을 이끈 인물은 스룹바벨이다. 다윗의 후예인 스룹바벨은 약 5만 명의 귀환자들을 이끌고 꿈에 그리던 고향 땅 예루살렘으로 돌아왔고, 그 즉시 성전재건사업에 착수했다. 그는 이스라엘 백성이 고통을 당하는 것은 성전을 망가진 채로 방치한 데 대한 하나님의 징벌이라 여기고(학 1:3-11), 이스라엘 민족의 정체성을 회복하고 이스라엘 공동체를 결집시킬 수 있는 구심점은 성전재건에 있다고 생각했다. 과거에 법궤가 지파 동맹의 구심점이었다면, 나라를 잃은 현재 이스라엘을 결집시킬 수 있는 힘은 성전재건에 있다고 여긴 것이다.

그러나 막상 고국으로 돌아와서 성전재건운동을 시작했으나 모든 일은 여의치 못했다. 수십 년이 지나는 동안 예루살렘은 초토화되어 있었고, 동족간의 갈등과 대결은 극에 달하여 반대가 극심했다. 그중에서도 가장 심각한 문제는 바벨론에서 돌아온 이스라엘 사람들과, 팔레스타인 땅에서 그대로 살고 있는 본토 이스라엘 사람들 간의 대립이었다. 그 대립의 원인은 혈통의 순결성과 자신들의 입지에 관련된 것이었다. 바벨론에서 귀환한 이스라엘 사람들은 이방인과의 결혼에 대해 엄격했으나, 팔레스타인 땅에서 살아온 본토 이스라엘 사람들은 북왕국을 정복한 앗수르의 이민정책으로 인해 이방인과의 국제결혼에 대해 매우 개방적이었다.

뿐만 아니라 제국을 통일한 바사 왕은 북왕국의 옛 수도였던 사마리아에 총독의 관저를 두고 예루살렘에서 유다까지 사마리아 총독의 관리하에 두었는데 사마리아인들은 바벨론에서의 귀환으로 인해 자신들의 입지가 좁아질 것을 우려하여 스룹바벨의 성전재건운동을 필사적으로 반대했다. 예루살렘 성전이 재건될 경우 유다는 사마리아로부터 독립하여 스룹바벨이 새 유다 왕국을 통치하게 될 것이 거의 확실하다고 여겼기 때문이다.

이 같은 이유들로 사마리아와 주변국들이 필사적으로 반대하자 스룹바벨의 성전재건사업은 결국 중단되고 말았다. 엎친 데 덮친 격으로 흉작과 가뭄이 들어 백성들의 고통과 슬픔은 더욱 가중되었다.

그때 학개와 스가랴 선지자가 백성들을 독려했다. 스룹바벨과 여호수아를 충동하여 15년 동안 중단된 성전재건에 불을 붙였다. 그들은 "이스라엘 백성들에게 불어닥친 재난은 성전을 재건하지 않았기 때문에 일어난 것으로 하나님의 일에 우선하는 것이 이스라엘 백성이 사는 길"이라고 외쳤다. 더욱이 선지자 스가랴는 새로운 성전이 완공되면 하나님의 임재가 임할 것이며, 이스라엘 백성들은 영원히 축복을 받게 될 것이라고 선포했다. 이들 두 선지자는 스룹바벨을 메시아로 증언하고, 그가 '순' 곧 다윗 가문의 기다리던 후손(렘 23:5 이하)으로서 왕위에 오를 자라는 희망의 메시지를 선포했다. 이와 같은 학개와 스가랴 선지자의 독려에 힘입어 스룹바벨은 다시 성전재건운동을 시작하였고, 우여곡절 끝에 516년 성전을 완공하고 감격적인 봉헌식을 치렀다.

그런데 문제는 성전재건 후 이스라엘의 통합과 회복이 이루어졌느냐는 것이다. 안타깝게도 성전을 재건한 이후의 상태는 더욱 실망스러웠다. 성전을 재건했지만 그들이 기대하던 좋은 시절은 나타날

기미조차 보이지 않았다. 여전히 백성들은 한발과 기근으로 고통을 겪었고, 성전은 유지하기에도 힘이 들었으며, 무거운 세금은 백성들의 경제적 생활을 더욱 피폐하게 만들었다. 게다가 선지자들로부터 하나님의 선택받은 종이요, 다윗의 후예로서(학 2:20-23) 다윗 가문을 일으킬 '순'(슥 3:8, 6:12, 사 11:1, 렘 23:5 이하, 33:14-16)이라고까지 묘사되었던 스룹바벨은 예언자들의 예언에도 불구하고 역사에서 소리 없이 사라지고 말았다.

선지자의 예언을 믿고 꿈에 부풀었던(학 1:3-11, 사 49:8-26, 54:1-3, 렘 23:5-6, 겔 34:26-30) 이스라엘 백성들은 상황이 이렇게 돌아가자 허망하기 짝이 없었다. 설상가상으로 종교지도자들의 타락과 부패로 성전예배조차 소홀하자(말 1:6-14, 3:6-12) 이스라엘 백성들은 크게 실망한 나머지 하나님께 충성함으로 얻게 된 것이 무엇이냐는 의문을 품게 되었다. 이러한 의문은 23개의 질문과 답변으로 이루어진 말라기에 잘 나타나 있다.

제2차로 이스라엘 백성들을 귀환시킨 인물은 대제사장 아론의 10대손인 에스라이다. 에스라는 바사 왕으로부터 예루살렘과 유다의 종교 상태를 조사하라는 임무를 부여받고 기원전 458년 바벨론에 거주하는 유대인 가운데 고국으로 돌아가기를 희망하는 사람들을 데리고 제2차로 귀환했다.

율법학자였던 에스라는 이 백성이 고통을 당하는 원인이 율법을 준수하지 않고, 이방 사람들과 결혼함으로써 이방인들의 관습을 받아들였기 때문이라 여겼다.(스 9:1-2, 10:2-10) 따라서 율법을 준수하고 종족의 순수성을 보존하는 일만이 이스라엘을 하루속히 고통에서 건져내는 일이라고 주장했다. 때문에 에스라는 새벽부터 정오까지 성전 앞에서 눈물을 흘리며 율법서를 낭독했다. 잃어버렸던 나라를 재건하고, 이스라엘 백성들을 영적 동면에서 깨어나도록 하기 위해 율법준수를 외친 것이다. 또한 그는 이방 관습을 청산하기 위해서는 종족의 순수성을 보존해야 한다고 믿어 이방 여인들 및 그들에게서 태어난 자녀들의 추방을 강조했다.(스 10:3, 11) 이러한 강경책은 본국에 거주하던 혼합주의자들의 반발을 사고 사회적 충돌을 야기하였음에도 에스라의 신념은 확고했다.

제3차로 이스라엘 백성들을 바벨론에서 귀환시킨 인물은 느헤미야이다. 아닥사스다 왕의 높은 관리로 있던 느헤미야는 예루살렘의 무너진 성벽을(성전이 아닌) 재건하라는 명령을 받고 기원전 445년에 예루살렘으로 귀환하게 되는데, 그가 예루살렘에 도착했을 때 예루살렘 성은 전혀 사람이 사는 것 같지 않았다. 느헤미야는 귀환 즉시 예루살렘 성벽을 보수하는 일에 착수했다. 비밀리에 3일 동안 성벽 전체를 조사한 후 이를 여러 구간으로 나누어 동시에 작업이 진행되도록 추진했다. 그는 사마리아 사람들과 암몬 사람들, 그리고 아라비아 사람들의 방해공작에도 불구하고 속전속결로 진행하여 단 52일 만에 성벽보수를 끝냈다.

성벽보수 후에는 지방 사람들을 예루살렘으로 이주시키고(느 11:1 이하), 백성들의 삶을 안정시키기 위한 여러 가지 개혁 조치들을 단행했다. 포로로 잡혀갔다가 돌아온 사람들이 상실한 땅의 소유권을 주장하면서 빈부격차가 발생하고, 기근과 가뭄으로 헐벗고 굶주리던 사람들이 세금을 내기 위해 자기 밭을 저당잡히거나 강매당하고 자녀들과 함께 노예로 전락하는 일들이 발생하자, 채권자들에게 빚을 전면적으로 탕감해주고 저당잡히거나 양도받은 재산을 다시 돌려주도록 했다. 정치적으로는 예루살렘을 사마리아의 영향권이 아닌 유다의 총독으로 임명받은 자신의 관할 하에 두고 12년간 통치하면서 수많은 개혁을 실행했다.

이처럼 느헤미야는 파괴된 예루살렘 성을 수축하고 정치적 안정과 사회질서를 바로잡는 일이야말로 이스라엘을 회복시키는 가장 중요한 사역이라고 보았다.

### 끝나지 않은 회의와 과제

이스라엘 백성을 바벨론에서 이주시킨 세 인물 스룹바벨과 에스라 그리고 느헤미야는 당시의 문제를 해결하기 위한 처방이 각기 달랐다. 유대 왕의 후예였던 스룹바벨은 이스라엘 백성이 고통을 당하게 된 것은 예루살렘 성전을 폐허가 된 채로 방치해 두었기 때문이라 여기고(학 1:3-11), 성전과 제단을 하루속히 구축하는 일이 하나님의 징계로부터 벗어나는 길이라고 여겼다.(스 5:1-2)

그러나 대제사장의 후손이자 율법학자인 에스라는 이스라엘 백성이 고통을 당하는 원인은 율법의 가르침을 외면하고 이방 사람들과 결혼함으로써 이방인들의 관습을 받아들였기 때문이라 여기고(스

9:1-2, 10:2-10), 이스라엘의 회복을 위해서는 율법을 준수하고 이방 여인들에게서 태어난 자녀들을 추방해야 한다고 주장했다.(스 10:3-11)

느헤미야는 또 달랐다. 아닥사스다 왕으로부터 유다의 총독으로 임명받은 느헤미야는 정치가로서 사회적 제도개혁을 통한 변화를 촉구했다. 그는 가진 자들의 착취와 빈부격차를 이스라엘의 분열을 조장하는 근본적인 원인으로 보았다. 그러기에 그는 이스라엘 공동체에 방해가 되는 사회적 제반 문제를 정비하는 한편 여러 가지 개혁을 단행했다. 이스라엘의 도덕적 회복과 사회개혁만이 이스라엘 공동체의 해체를 막을 수 있다고 여겼기 때문이다.

성전재건의 기치를 높이 든 스룹바벨과, 율법준수와 종족의 순수성을 강조한 에스라, 사회적 제도개혁을 강조한 느헤미야의 주장은 그들 시대마다 필요한 해결책이었다.

이런 상황에서 룻기의 저자는 그들과 또 다른 자신의 입장을 피력하기에 이른다. 룻기의 저자에 의하면 성전재건이나 율법의 준수, 사회제도 개혁이 필요한 것임에는 틀림없지만 그것이 궁극의 목표가 될 수 없다는 것이다. 그것들은 목적을 위한 수단일 뿐, 궁극의 해답은 오직 하나님께만 있고, 하나님의 뜻만이 절대적인 해답이라는 것이다.

룻기의 저자는 예루살렘 성전이 존속했음에도 유다가 바벨론에 의해 멸망당하였음을 상기시킨다. 물론 앗수르가 3년 동안 예루살렘 성을 포위하고 항복을 강요했을 때 선지자 이사야는 하나님께서 임재하시는 거룩한 성전이 존재하는 한 예루살렘 성은 절대로 점령당하지 않을 것이라고 예언했다.(사 37:33-35) 이 예언대로 앗수르는 3년 동안 예루살렘 성을 포위하고 유다의 46개 도시와 농촌을 유린하였으나, 예루살렘 성만은 함락시키지 못한 채 스스로 본국으로 돌아가고 말았다. 그 이유에 대해 어떤 이들은 앗수르 본국에 정변이 일어나서 포기할 수밖에 없었다고도 하고(사 37:7), 어떤 이들은 전염병이 만연하여 많은 희생자를 내고 부득불 철수하게 되었다고도(사 37:36) 주장한다. 어쨌든 이사야의 예언대로 하나님의 거룩한 성전으로 인해 예루살렘 성이 함락을 당하지 않은 역사적 사건이 있었던 것은 사실이다. 그러나 그 후 100여 년이 지나 바벨론이 침략해왔을 때 예레미야 선지자는 하나님의 성전이 존재한다 하더라도 예루살렘 성은 함락당하게 될 것임을 예언했다. 예루살렘 성의 절대불가침을 주장한 이사야와는 정반대의 주장을 편 것이다.

이사야는 예루살렘 성전이 존재한다는 단 한 가지 이유 때문에 예루살렘 성의 불가침성을 주장했다. 그러나 예레미야는 아무리 예루살렘 성전이 존재한다고 하더라도 그곳에 사는 사람들이 죄를 범하고 불의를 행한다면 예루살렘 성은 멸망당할 수밖에 없다고 본 것이다. 그는 성전의 존재만 믿은 채 하나님을 진정한 마음으로 섬기지 않고 죄에 빠져 살다가 결국 586년 바벨론에 의해 멸망당한 경험이 있기에, 아무리 새 성전을 건립한다고 하더라도 이스라엘의 문제가 해결되는 것은 아니라고 보았다.

실제적으로 스룹바벨의 성전이 완공되고 구약의 예전에 따른 제사가 한창 진행되던 때의 선지자로 알려진 제3이사야나 말라기 선지자는 성전 제사의 허구를 신랄하게 비판했다. 말라기의 저자는 1장에서 제사장들의 직무와 관련된 죄악상을 고발하고(말 1:6-14), 2장에서 제사장들과 백성들의 불신앙과 타락에 대해 고발하며, 3장에서는 제사장들과 백성들이 저지른 죄에 대한 하나님의 임박한 심판을 경고했다. 제3이사야 역시 당시의 위선적인 예배를 질타하며(사 56:10-12, 58:1-5, 66:1-4), 하나님을 떠난 자들의 예배와 제사란 가증하고 악을 행하는 것이며 살인한 것과 다름이 없다고 책망했다.(사 66:1-4)

에스라가 주장한 것처럼 율법의 준수도 마찬가지다. 요시야를 비롯한 유대 왕들이 종교개혁을 단행하고 율법의 준수를 외쳤지만 그들 나라는 멸망하지 않았는가! 에스라처럼 아무리 율법을 강조한다 할지라도 진정으로 하나님을 하나님으로 섬기지 않는 한 이스라엘의 운명을 바꿔놓지는 못한다. 뿐만 아니라 에스라와 같이 이방 민족과의 결혼을 금지하는 배타주의를 강요한다면 이방 여인임에도 우리의 조상이 된 라합과 룻이 어떻게 여호와의 총회에 들어올 수 있었겠는가? 만일 배타주의에 빠져 이방인들을 배척한다면 다윗과 같은 임금이 어떻게 나올 수 있었겠는가? 룻기의 저자는 '배타주의가 진정 하나님의 뜻이라고 할 수 있을까? 그것이 우리 민족의 문제를 푸는 해답이 될 수 있을까?'를 반문하고 있는 것이다.

또한 룻기의 저자는 느헤미야가 주장하는 것처럼 사회적 제도개혁을 통한 희년의 법 준수를 강조하는 것도 대안이 될 수 없다고 본다. 아무리 희년의 법이 존재한다 할지라도 그 법을 제정한 근본 뜻을 상실했다면 민족의 문제를 해결하지 못하는 무의미한 것이 되고 만다는 것이다.

### 룻기의 배경 이해

그렇다면 하나님의 뜻은 어디에 있는가? 하나님은 이 문제를 어떻게 풀어가기를 원하시는가? 여기에 룻기의 저자는 한 가족의 사건을 통해 하나님의 구속 역사를 자신의 시대에 당면한 민족 문제에 대한 해답으로 제시한다. 수백 년 전에 있었던 룻의 이야기, 구전으로만 전해 내려오던 옛 이야기를 통해 하나님을 믿는 것은 무엇이고, 하나님을 사랑하는 것은 무엇을 의미하며, 하나님의 백성으로 살아가는 것은 어떤 것인지를 서정적으로 그린 책이 바로 룻기이다.

여기서 한 가지 짚고 넘어가야 할 것은 룻기와 후기 예언서들, 그리고 역대기와의 관계이다. 이스라엘 백성들이 성전이 파괴되고 유다가 멸망하는 것을 지켜보면서 다윗 왕권이 영원하리라던 언약을 파기된 것으로 간주할 때 후기 예언자들은 새로운 언약을 통한 구원을 예언했다. 예레미야는 하나님과 이스라엘 백성들 사이에 새로운 언약이 맺어질 것임을 예언했고, 새 언약은 돌판에 새기지 않고 백성의 마음에 새길 것이라고 했다.(렘 31:31-34) 에스겔은 새로운 계약을 통한 하나님의 구원과 새 계약의 조건에 대해 예언했고, 제2이사야는 부패한 왕으로는 도저히 구원할 수 없음을 아신 하나님께서 기름부음 받은 종 즉 메시아를 통해 이스라엘을 구원하실 것임을 예언했다.

이에 대해 역대기 사가들은 다윗과 솔로몬을 이상화시켜 하나님이 보내실 메시아는 가장 지혜롭고 하나님의 마음에 합한 왕이 되어 다윗의 왕위를 계승할 것임을 증언했다. 열왕기에 기록된 다윗이 밧세바를 범한 사건(삼하 11-12장)이나, 사울과 싸우는 내용(삼상 16장-삼하 4장), 솔로몬의 타락과 우상숭배 등과 같은 다윗과 솔로몬에 대한 부정적인 내용들이 역대기에는 모두 생략되어 있다는 것이 이를 증명한다. 역대기 사가는 다윗과 솔로몬 두 왕을 서로를 보충해주는 이상적 왕들로 보고 이 두 왕을 통해 메시아적 이상을 구체화시킨다.

스룹바벨에 의해 제2의 성전이 건축되었지만 다윗의 후손 가운데 왕이 나타나 다스리기는커녕 페르시아 사람들에 의해 지배를 당하고, 사마리아에 있는 이방인들과 끊임없는 갈등을 빚으면서 다윗 왕국의 꿈은 영원히 상실된 것 아니냐는 우려가 쌓여갔다. 하지만 그런 상황 가운데 후기 예언자들과 역대기 사가의 역사해석은 그들에게 희망을 주었고, 룻기는 그중의 하나인 것이다.

또한 룻기 4:18-22에 나오는 베레스의 족보와 역대상 2:4-13에 나오는 족보가 몇 글자를 제외하고는 대체로 동일하다는 점에서 룻기는 역대기와 깊은 관련이 있음을 예상할 수 있으며, 룻기는 역대기 사가의 관점과 그 시각에서 이스라엘의 역사를 조명하고 있음을 알 수 있다.

# 배신

**룻기** 1:1-2

사사들이 치리하던 때에 그 땅에 흉년이 드니라
유다 베들레헴에 한 사람이
그의 아내와 두 아들을 데리고 모압 지방에 가서 거류하였는데
그 사람의 이름은 엘리멜렉이요
그의 아내의 이름은 나오미요
그의 두 아들의 이름은 말론과 기룐이니
유다 베들레헴 에브랏 사람들이더라…

## 고향을 떠나는 사람들

룻기는 "사사들이 치리하던 때에 그 땅에 흉년이 드니라 유다 베들레헴에 한 사람이 그의 아내와 두 아들을 데리고 모압 지방에 가서 거류하였는데"라는 말로 시작된다. 우리는 이 구절을 몇 단계로 나누어 살펴보고자 한다. 첫째는 "사사들이 치리하던 때에"라는 말의 뜻, 둘째는 "그 땅에 흉년이 드니라"는 말의 뜻, 셋째는 "유다 베들레헴에 한 사람이 그의 아내와 두 아들을 데리고 모압 지방에 가서 거류"하였다는 말의 뜻이다. 길지 않은 이 구절들 속에는 여러 가지 의미가 함축되어 있기 때문이다.

### 사사들이 치리하던 때

"사사들이 치리하던 때에"라는 표현은 단순히 사사들이 치리하던 때라는 뜻도 있지만 여기서는 오히려 사사들이 치리하던 때의 시대적 상황과 결부시켜 그 시대의 특징을 나타내기 위한 표현이라 할 수 있다. 나오미와 룻의 이야기는 당시의 시대적 상황에서 일어날 수밖에 없는 필연적 사건임을 암시한다.

그렇다면 사사시대는 어떤 특징을 가지고 있는가? 흔히 사사시대를 가리켜 '이스라엘 민족의 암흑시대'라고 말한다. 이 시대는 하나님께 대한 배반과 불신, 심판으로 점철되었기 때문이다. 무어헤드(H. Moorhead)는 사사기를 "일곱 번 배신, 일곱 나라에 일곱 번 예속, 일곱 번 구출"이라는 말로 간단히 요약했다.(삿 3:7-10, 3:12-31, 4-5장,

6:8-32, 8:33-10:5, 10:6-12장, 13-16장) 이스라엘 사람들에게 '7'이라는 숫자는 완전수로서 무한을 의미한다. 따라서 무어헤드의 말은 사사시대가 끊임없는 반역과 징계, 심판 그리고 하나님의 구출로 점철되어 있음을 뜻한다.

그렇다면 이스라엘 백성들은 무엇을 어떻게 배반했다는 것일까? 사사기 2:1-2는 "내가 너희를 애굽에서 올라오게 하여 내가 너희의 조상들에게 맹세한 땅으로 들어오게 하였으며 또 내가 이르기를 내가 너희와 함께 한 언약을 영원히 어기지 아니하리니 너희는 이 땅의 주민과 언약을 맺지 말며 그들의 제단들을 헐라 하였거늘 너희가 내 목소리를 듣지 아니하였으니 어찌하여 그리 하였느냐"고 했다. 또한 2:20은 "이 백성이 내가 그들의 조상들에게 명령한 언약을 어기고 나의 목소리를 순종하지 아니하였은즉 나도 여호수아가 죽을 때에 남겨둔 이방 민족들을 다시는 그들 앞에서 하나도 쫓아내지 아니하리니"라고 했다.

이와 같은 말씀들에 의하면 이스라엘 백성의 배반이나 배신은 '언약을 지키지 않고 파기'한 데 있음을 알 수 있다. 그리고 그 언약의 실체는 시내 산에서 맺은 언약을 가리키는데, 이는 사사기 2:1의 "내가 너희를 애굽에서 올라오게 하여", "내가 너희와 함께 한 언약"이라는 말씀과 2:20의 "내가 그들의 조상들에게 명령한 언약"이라는 말씀이 뒷받침해준다.

하나님은 이스라엘 백성을 애굽에서 이끌어내신 다음 시내 산에서 언약을 맺으셨다. 하나님은 이스라엘의 하나님이 되고, 이스라엘은 하나님의 백성이 된 것이다. 이로부터 이스라엘은 다른 나라들과 달리 왕을 세우지 않았다. 하나님이 '이스라엘의 하나님이 되신다.'는 것은 '하나님이 이스라엘의 왕이 되신다.'는 뜻과 다름없기 때문이었다. 그런데도 이스라엘 백성들은 가나안에 정착한 후 하나님을 잊어버리고 바알과 아세라 신들을 섬겼다. 이에 대해 사사기는 '여호와의 목전에 악을 행하였다'는 말과(삿 2:11, 3:7, 12, 4:1, 6:1, 10:6, 13:1), '여호와를 버렸다'는 말(삿 2:12, 13, 10:6, 10, 13)로 표현했다. 이를 좀 더 구체적으로 표현한다면 하나님을 왕으로 인정하지 않았다는 뜻이다. 사사기는 하나님을 왕으로 인정하지 않았다는 것에 대해 "그때에는 이스라엘에 왕이 없었으므로 사람마다 자기 소견에 옳은 대로 행하였더라"(삿 17:6, 18:1, 19:1, 21:25)는 말로 표현했다.

이스라엘이 여호와의 목전에서 악을 행할 때, 다시 말하면 이스라엘이 하나님을 왕으로 인정하지 않고 다른 신을 섬길 때, 하나님은 이스라엘 백성들에게 진노하셨고 다른 나라의 지배를 받게 하셨다. 그러나 이스라엘 백성들이 자신들의 죄와 잘못을 깨닫고 하나님께 부르짖을 때면 사사들을 세워 그들을 구원하셨다. 그리고 이런 일이 수차례 반복되었다.

그러므로 사사시대란 '이스라엘이 하나님과의 언약을 파기하고, 하나님을 왕으로 섬기지 않았을 때'를 가리킨다. 사사기는 이와 같은 시대적 특징을 가리켜 "그때에는 이스라엘에 왕이 없었으므로 사람마다 자기 소견에 옳은 대로 행하였더라"고 표현한 것이다. '여호와의 목전에 악을 행하였다.'와 '여호와를 버리고 바알과 아스다롯을 섬겼다.', '그때에는 이스라엘에 왕이 없었으므로 사람마다 자기 소견에 옳은 대로 행하였다.'는 말은 사실상 똑같은 의미이다.

### 흉년이 든 원인

두 번째로 "그 땅에 흉년이 드니라"는 말은 "사사들이 치리하던 때"와 무관하지 않다. 그 땅에 흉년이 든 것은 사사들이 치리하던 때, 다시 말하면 여호와의 목전에서 악을 행하므로 하나님이 진노하셔서 재앙을 내리셨다는 뜻이다. 구체적인 예로 사사기 2:11-15를 보면 이스라엘 자손이 여호와의 목전에 악을 행하여 바알들을 섬기자 하나님은 그들에게 진노하셔서 노략하는 자의 손에 넘겨 노략을 당하게 하셨고(삿 2:14), "그들이 어디로 가든지 여호와의 손이 그들에게 재앙을"(삿 2:15) 내리셨다고 했다. 룻기 역시 "사사들이 치리하던 때에 그 땅에 흉년이 드니라"(룻 1:1)는 표현을 통해 '그 땅에 흉년이 든 것'은 사사시대에 자주 반복되는 하나님의 진노, 하나님의 심판과 연관이 있음을 나타낸다.

성경에서는 기근이나 흉년을, 단순한 자연현상으로 보지 않는다. 하나님의 계획과 섭리 가운데 일어나는 하나님의 역사로 이해한다. 이를테면 '하늘과 땅은 누가 지으셨나? 해와 달은 누가 지으셨나?'라는 질문에 대해 느헤미야 9:6은 "오직 주는 여호와시라 하늘과 하늘들의 하늘과 일월 성신과 땅과 땅 위의 만물과 바다와 그 가운데 모든 것을 지으시고 다 보존하시오니 모든 천군이 주께 경배하나이다"

라고 답하고 있다. 마태복음 5:45에도 "하나님이 그 해를 악인과 선인에게 비추시며 비를 의로운 자와 불의한 자에게 내려주심이라"고 되어 있다. 열왕기상 17:1에 의하면 하나님은 이스라엘 백성에게 경고하기 위해 3년 6개월 동안 비 한 방울 내리지 않게 하셨고, 사무엘하 21:1에 의하면 사울과 그의 가문이 기브온 사람을 죽인 일 때문에 3년 동안 기근이 들게 하셨으며, 예레미야 14:12-15에서는 유다 백성의 죄로 말미암아 기근을 내리셨다. 기근은 전쟁, 사나운 짐승, 전염병과 함께 네 가지 재앙 가운데 하나로 꼽힌다.(겔 14:21)

룻기의 저자는 1장 첫머리에서 "사사들이 치리하던 때에 그 땅에 흉년이 드니라"는 표현을 통해 '사사들이 치리하던 때'의 대표적 상징인 "그 때에 이스라엘에 왕이 없으므로 사람이 각기 자기 소견에 옳은 대로 행하였더라"(삿 21:25)는 말씀을 연상시켜 '하나님의 왕 되심을 거부하고 자기 소견에 옳은 대로 행한 결과' 그 땅에 흉년이 들었음을 증언하고 있다.

그리고 이어지는 "유다 베들레헴에 한 사람이 그의 아내와 두 아들을 데리고 모압 지방에 가서 거류하였는데"(룻 1:1)라는 말씀을 통해 '사사들이 치리하던 때', 다시 말하면 하나님께서 왕 되심을 거부하고 자기 소견에 옳은 대로 행하여 하나님의 진노를 사서 흉년이 들었다면, 유다 베들레헴을 떠나 모압으로 이주한다 하여 근본적인 문제가 해결될 수 있는가를 묻는다.

유다 베들레헴은 어떤 곳인가? 그곳은 바로 약속의 땅이다. 그들의 조상 아브라함 때로부터 그 땅을 약속하셨고(창 12:1-2, 15:7), "영원한 기업이 되게"(창 17:8) 하시겠다던 기업의 땅이다. 민수기 36:6-9에 의하면 하나님이 주신 기업은 반드시 보존하고 지켜내야 한다. 하나님께로부터 받은 기업을 영원히 보존하고 지켜내는 것이야말로 하나님의 백성들이 해야 할 일이다. 그런데 불행히도 엘리멜렉은 하나님이 주신 기업의 땅을 버리고 떠났다. 그는 하나님과의 언약을 파기한 것이다. 이것이 하나님의 백성으로서 할 수 있는 일인가? 그 땅에 흉년이 든 것이 하나님을 왕으로 섬기지 않고 자기의 소견에 옳은 대로 행한 결과라고 한다면 장소를 옮겨간다고 해서 문제가 해결될 것인가? 만일 성경의 증언대로 흉년이 자연의 단순한 사건이 아닌 하나님의 진노와 심판에 의한 결과라고 한다면 그 장소를 피한다 한들 문제가 해결될 수는 없다고 본 것이다.

요나의 경우 "니느웨로 가서 외치라"(욘 1:2)는 하나님의 명령을 받고 그 반대쪽인 다시스로 도망치다가 큰 폭풍을 만나 죽을 지경에 이른 적이 있다. 시편 기자는 "내가 주의 영을 떠나 어디로 가며 주의 앞에서 어디로 피하리이까 내가 하늘에 올라갈지라도 거기 계시며 스올에 내 자리를 펼지라도 거기 계시니이다 내가 새벽 날개를 치며 바다 끝에 가서 거주할지라도 거기서도 주의 손이 나를 인도하시며 주의 오른손이 나를 붙드시리이다"(시 139:7-10)라고 노래했다.

그럼에도 엘리멜렉은 '그 땅'을 버리고 떠나 문제를 해결하려고 했던 것이다. 만일 믿음의 조상 아브라함이었다면 어떻게 했을까? 룻기의 저자는 엘리멜렉을 아브라함과 비교하여 그의 판단이 얼마나 불신앙적 행동이었는가를 보여준다. 룻기 2:11을 보면 보아스는 룻에게 "네 남편이 죽은 후로 네가 시어머니에게 행한 모든 것과 네 부모와 고국을 떠나 전에 알지 못하던 백성에게로 온 일이 내게 분명히 알려졌느니라"고 했다. 보아스가 룻에 대해 쓴 이 표현은 하나님이 아브라함에게 "너는 너의 고향과 친척과 아버지의 집을 떠나 내가 네게 보여줄 땅으로 가라"(창 12:1)고 하신 말씀을 연상시킨다. 룻기의 저자는 이스라엘 백성들에게 민족의 조상이던 아브라함은 어떻게 살았는가를 돌이켜보라는 의미로 이러한 표현을 썼다. 아브라함은 하나님의 말씀에 의지하여 "고향과 친척과 아버지의 집을 떠나 하나님이 지시하시는 땅"(창 12:1)을 찾아감으로써 믿음의 조상이 되었다. 아브라함과 사라는 엘리멜렉이나 나오미와는 정반대의 삶을 살았다는 것이다.

반면 엘리멜렉은 어떠했는가? 아브라함은 이국땅을 떠나서 약속받은 땅을 향해 갔지만, 엘리멜렉은 오히려 약속받은 땅을 떠나 이국땅을 향해 갔다. 아브라함은 열국의 아비가 되리라는 약속을 받고 믿음을 따라 살았지만, 엘리멜렉은 양식이 있다는 소문을 듣고 기업으로 받은 땅을 버리고 떠났다. 아브라함은 롯과의 분쟁에서 기름진 땅보다는 하늘을 우러러 오직 하나님을 바라보고 살았으나, 엘리멜렉은 기름진 땅을 찾아서 언약의 땅을 버린 것이다. 창세기 13:14-15는 "롯이 아브람을 떠난 후에 여호와께서 아브람에게 이르시되 너는 눈을 들어 너 있는 곳에서 북쪽과 남쪽 그리고 동쪽과 서쪽을 바라보라 보이는 땅을 내가 너와 네 자손에게 주리니 영원히 이르리라"고 했다. 그러나 엘리멜렉은 아내와 두 아들을 데리고 모압 지방에 가서 거류했다.

룻기의 저자는 엘리멜렉과 그의 아내 나오미가 겪은 불행의 진정한 원인이 흉년 때문이 아니라, 엘리멜렉이 그들의 왕이 되시는 하나님을 버린 데 있다고 보았다. 하나님은 그들의 왕이 되시고, 그들은 하나님의 백성이 되게 하시리라는 언약에도 불구하고 그들은 제멋대로 행하여 그 땅에 흉년이 왔고, 그들 가족은 그 언약을 피해 도망함으로써 엄청난 불행을 겪게 되었다는 것이다.

하나님이 왕이 되셨을 때, 하나님은 이스라엘을 지키고 보호하셨다. 다른 나라들로부터 포악을 겪을 때, 하나님은 사사들을 세워 그들을 구원해주셨다. 그러나 그들이 하나님을 버리고 자기 소견에 옳은 대로만 행하려 할 때, 하나님은 그들을 버리셔서 이웃 백성들에게 포악과 고통을 겪게 하셨다. 사사기에 의하면 "그들이 여호와를 버리고 바알과 아스다롯을 섬겼으므로 여호와께서 이스라엘에게 진노하사 노략하는 자의 손에 넘겨"(삿 2:13-14)주셨고, "이 백성이 내가 그들의 조상들에게 명령한 언약을 어기고 나의 목소리를 순종하지 아니하였은즉 나도 여호수아가 죽을 때에 남겨둔 이방 민족들을 다시는 그들 앞에서 하나도 쫓아내지 아니"(삿 2:20-21)한다고 하였다. 이스라엘이 하나님을 버렸으므로, 하나님이 이스라엘을 버리시겠다는 것이다. 그러므로 그들 불행의 원인은 하나님과의 언약을 파기한 데 있고, 하나님보다 자기 소견에 옳은 대로만 행하려 한 데 있다는 것이다.

그 결과는 어떠했는가? 하나님이 약속하신 언약의 땅을 떠난 엘리멜렉은 채 10년을 살지 못하고 죽는다. 두 아들마저 죽고 그의 아내와 모압에서 얻은 두 자부만 남았다. 왜 이러한 일이 일어났는가? 그 원인은 무엇인가? 하루아침에 집안이 몰락하고, 남자들은 모두 죽고, 대를 이어갈 희망조차 끊긴 채 나오미마저 죽으면 모든 것이 끝나버릴 지경에까지 이른 원인은 도대체 무엇인가?

룻기의 저자는 "사사들이 치리하던 때에 그 땅에 흉년이 드니라 유다 베들레헴에 한 사람이 그의 아내와 두 아들을 데리고 모압 지방에 가서 거류하였는데"(룻 1:1)라는 표현을 통해, 그 모든 것이 하나님의 왕 되심을 거부하고 자기 소견에 옳은 대로만 행하려고 한 그 일로 인해 흉년이 왔고, 흉년을 통해 나타내시는 하나님의 경고를 무시하고 언약의 땅을 떠남으로써 빚어진 결과임을 증언하고 있다. 엘리멜렉은 그 땅에 흉년이 들었을 때 그 이유를 깨달았어야 했고, 그 뜻을 물었어야 했다. 그는 언약의 땅을 떠나지 말았어야 했다.

### 이름이 의미하는 것

그렇다면 이러한 주장에는 어떤 근거가 있는가? 우리는 이와 같은 주장의 근거를 룻기에 등장하는 인물들의 이름 속에서 찾을 수 있다. 우선 '엘리멜렉'(אֱלִימֶלֶךְ)이라는 이름은 '하나님은 나의 왕이시다'는 뜻이다. '나오미'(נָעֳמִי)는 '사랑받는 자, 은혜를 받은 자, 복된 여자'라는 뜻이다. '말론'(מַחְלוֹן)은 '질병'이라는 뜻이고, '기룐'(כִּלְיוֹן)은 '허약'이라는 뜻이다. 두 자부 중 '오르바'(עָרְפָּה)는 '등을 졌다'는 뜻이고,

'룻'(רוּת)은 '친구'라는 뜻이다. '보아스'(בֹּעַז)는 '힘', '오벳'(עוֹבֵר)은 '섬김, 종, 예배하다'라는 뜻이다.

우리는 이 이름들이 과연 처음부터 그 부모들에 의해 지어진 이름인지 의문을 갖지 않을 수 없다. 왜냐하면 서로 혈통과 가문, 민족, 국가와 종교가 다른 사람들이 일목요연하게 룻기의 내용과 일치하는 이름을 가질 수는 없기 때문이다.

그리고 다른 곳에서는 전혀 그 실례를 찾을 수 없는 한 가족의 이름이 처음부터 고스란히 등장하고 있다는 점도 특이하다. 가령 이스라엘 민족사에서 가장 유명한 모세의 경우에도 그 가족의 이름은 등장하지 않는다. "레위 가족 중 한 사람이 가서 레위 여자에게 장가들어"(출 2:1)라고 시작된 모세의 가족사는 출애굽기 4:14에 이르러서야 비로소 모세의 형 '아론'이 등장하고, 그의 부모의 이름은 출애굽기 6장에서야 등장한다. 또 여호수아의 경우도 그의 아버지 이름이 '눈'(민 13:8)이라는 것 외에는 성경 어디에서도 그의 어머니나 형제의 이름을 찾아볼 수 없다.

그런데 어떻게 '죽었다'고밖에 소개될 것이 없는 나오미 가족의 이름이 룻기에 모두 소개된 것일까? 아무것도 한 일이 없고, 비록 살아 있다 하더라도 더는 의미가 없는 사람들의 이름까지 모두 소개한 데에는 특별한 이유가 있을 것이다. 룻기에 등장하는 이름이 본래부터 전해진 이름은 아니었을 것이다. 왜냐하면 한 사람이 지어낸 이름이 아니고서는 절대로 룻기 전체의 내용과 일치하는 이름을 한 가족이 가질 수 없기 때문이다.

그렇다면 그 이름은 누가 지은 것일까? 바로 룻기의 저자이다. 룻기의 저자는 사사시대에 살았다고 전해지는 한 가족의 구성원들에게 이름을 붙임으로써 자신의 시대에 당면한 신학적 문제들을 해석하려고 한 것이다. 그 이름의 뜻을 연결시켜 보면 그 추측은 더욱 분명해진다.

'복된 여자, 사랑받은 자'라는 이름을 가진 나오미가 '하나님은 나의 왕이시다'라는 이름의 남편 엘리멜렉과 유다 베들레헴에서 살았다는 것은 "하나님은 나의 왕이시다는 믿음으로 살 때 복된 여자, 사랑받는 여자가 된다."는 뜻이다. 그러나 나오미가 베들레헴을 떠나 모압 지방에 가서 살았다는 것은 '하나님은 나의 왕이시다'는 믿음이 병(말론)들고 허약(기룐)해진 것으로서 하나님의 진노와 채찍을 받아 인생의 쓰라린 고통(마라)을 겪는 여인으로 전락했다는 뜻이 된다. 룻기 1:1-2에서 "사사들이 치리하던 때에 그 땅에 흉년이 드니라 유다 베들레헴에 한 사람이 그의 아내와 두 아들을 데리고 모압 지방에 가서 거류하였는데 그 사람의 이름은 엘리멜렉이요 그의 아내의 이름은 나오미요 그의 두 아들의 이름은 말론과 기룐이니 유다 베들레헴 에브랏 사람들이더라 그들이 모압 지방에 들어가서 거기 살더니"라는 말씀 속에 '유다 베들레헴 에브랏 사람 엘리멜렉'이 모압지방에 들어가 살게 된 것은 '하나님은 나의 왕이시다'(엘리멜렉)는 믿음이 병(말론)들고, 허약(기룐)해져서 그 땅에 흉년이 들었기 때문이고, 자기 소견에 옳은 대로 행하여 모압으로 들어간 것이 된다.

모압으로 들어간 이들 가족은 모압 여인 중에서 며느리를 맞이한다. 한 사람의 이름은 오르바이고, 한 사람의 이름은 룻이다. 그런데 엘리멜렉과 말론, 기룐이 죽고 세 여인만 남는다. 남편과 두 아들을 잃은 나오미는 고향으로 돌아가기로 하고, 떨어지지 않으려는 두 자부 중 룻만 데리고 귀향하게 된다. 그때 고향 사람들이 나오미를 알아보고 "이 여인이 나오미가 아니냐?"라고 묻자 나오미는 "나를 나오미라 부르지 말고 마라라 불러 달라"(룻 1:20)고 하므로 자신의 삶이 '복된 여자, 사랑받은 여자'에서 '괴로운 여자, 쓰라림을 당한 여자, 고통 받는 여자'로 전락했음을 나타낸다. 이 과정에서 '오르바'는 그 이름대로 '등을 지고 떠나고', '룻'만 남아 그녀의 동반자, '친구'가 되었음을 전한다.

우리는 이러한 이름 속에 감추어진 의미를 통해 룻기 1:1이 "하나님의 왕 되심을 거부하고 자기 소견에 옳은 대로만 행하려고 한 그 일로 인해 흉년이 왔다."는 사실을 표현하고 있음을 알 수 있다.

그렇다면 하나님의 백성으로 산다는 것은 무엇을 의미하는가? 역사의 질곡 속에서 힘겨워질 때 하나님의 백성들은 어떤 행동을 취해야 하는가? 하나님의 백성들이 하나님과의 언약을 파기하고, 왕이 되시는 하나님을 버리고 자기 소견에 옳은 대로만 행한다면 어떤 결과를 초래하게 될 것인가? 룻기는 엘리멜렉의 삶과 죽음을 통해 이와 같은 질문에 답한다. 룻기의 저자는 "하나님의 백성으로 산다는 것은 하나님을 왕으로 섬기는 것이다! 하나님을 왕으로 섬기는 사람은 역사의 질곡에서 아무리 힘들고 고통이 따른다 하더라도 하나님의 명령을 버리고 자기 소견에 옳은 대로만 행하려고 해서는 안 된다!

나오미를 보라! '하나님은 나의 왕이시다'는 믿음으로 살 때는 복된 여자, 사랑받은 여자였으나, '하나님은 나의 왕이시다'는 믿음이 병들고 허약해졌을 때 하나님의 진노와 채찍을 받아 인생의 쓰라린 고통을 겪는 여인으로 전락했다."는 메시지를 준다.

룻기의 저자는 이를 통해 오늘 우리에게도 하나님의 백성이 살아야 할 삶의 방향에 대한 고민을 던져주고 있다.

# 징벌

**룻기** 1:2-5

그들이 모압 지방에 들어가서 거기 살더니
나오미의 남편 엘리멜렉이 죽고
나오미와 그의 두 아들이 남았으며
그들은 모압 여자 중에서 그들의 아내를 맞이하였는데
하나의 이름은 오르바요
하나의 이름은 룻이더라
그들이 거기에 거주한 지 십 년쯤에
말론과 기룐 두 사람이 다 죽고
그 여인은 두 아들과 남편의 뒤에 남았더라

## 두 아들과 남편의 뒤에 홀로 남은 여인

"사사들이 치리하던 때", 다시 말하면 '하나님은 이스라엘의 왕이 되시고, 이스라엘은 하나님의 백성이 된다.'는 언약을 저버리고 '자기 소견에 옳은 대로 행하던 때' 하나님은 그 땅에 흉년이 들게 하셨다. 그 땅에 내린 흉년은 심각했다. 그것은 몇 십 년째 농사짓던 땅을 버리고 양식을 찾아 떠나야 할 만큼 고통스러운 것이었다. 그때 유다 베들레헴에 살던 엘리멜렉이라고 하는 사람이 흉년을 피해 아내와 함께 두 아들을 데리고 모압으로 이주한다. 극한 굶주림으로 인해 버려서는 안 될 기업을 버리고, 양식을 찾아 이방 땅으로 떠난 것이다.

양식을 얻기 위해 약속의 땅을 버리고 이방 땅으로 이주한 엘리멜렉의 가정은 평탄치 못했다. 몇 년이 못되어 엘리멜렉은 이방 땅에서 죽고, 두 아들 역시 아버지의 뒤를 따라 죽음을 맞는다. 흉년을 만난 엘리멜렉의 가정은 이방 땅에서라도 목숨을 부지하고자 했으나 삽시간에 풍파를 겪고, 그의 아내 나오미와 두 아들의 아내였던 오르바와 룻만 남는 비참한 신세가 되고 말았다. 대를 이을 만한 남자들은 모두 죽고, 남편을 잃은 세 여인만 남아 나오미만 죽으면 그것으로 그 가족의 이야기는 끝을 맺고, 흔적도 없이 사라질 운명에 처한 것이다. 룻기의 저자는 룻기 1:3, 5에서 '남았더라'는 단어를 두 번 반복함으로써 나오미가 처한 상황을 비극적으로 묘사했다. 언약의 땅을 버린 채 남편과 함께 두 아들을 데리고 이방 땅으로 들어갔다가 홀로 남게 된 나오미에 대해 룻기는 "그 여인은 두 아들과 남편의 뒤에 남았더라"(룻 1:5)고 적고 있다.

"나오미의 남편 엘리멜렉이 죽고 나오미와 그의 두 아들이 남았으며"(룻 1:3)라는 표현과 "말론과 기룐 두 사람이 다 죽고"(룻 1:5)라는 표현은 결국 두 아들과 남편마저 모두 죽고 나오미만 '홀로 남았다'는 뜻이다. 홀로 남았다는 이 표현은 히브리어로 '솨아르'(שָׁאַר)라고 하는데 이는 '부지하다, 연명하다'는 뜻을 가지고 있다. 룻기의 저자는 이 단어를 통해 목숨만 겨우 부지하고, 연명하고 있는 나오미의 비참한 상태를 표현한다.

남편과 두 아들을 잃고 홀로 남은 나오미! 모든 것을 잃고, 모든 것을 상실한 나오미! 이에 대해 풀러(T. Fuller)는 "여자 중에서도 더 불쌍한 여자는 과부이다. 과부 중에서도 더 불쌍한 과부는 가난한 과부이며, 가난한 과부 중에서도 더 불쌍한 과부는 자식이 없는 과부이다. 그것도 먼 타국에서 객이 된, 자식 없는 가난한 노년기의 과부는 더 가련하며 불쌍하다. 진정 욥이 남자 중 가장 많은 고난을 겪었다면 나오미는 여자 중 가장 처량한 지경에 빠진 여자이다."라고 주석했다. 풀러의 표현대로 나오미는 지극히 불쌍한 과부요, 불쌍한 과부 중에서도 더 이상 말할 수 없이 비참한 신세가 되었다.

그러나 한편으로 그러한 상황은 곧 하나님이 개입하시고, 하나님이 간섭하실 수 있는 희망의 여백이기도 하다. 이사야의 표현대로 '두 아들과 남편의 뒤에 남은 여인' 나오미는 오히려 '남은 자'요, '창조적인 소수'라고 할 수 있다. 비록 "그 여인은 두 아들과 함께 남편의 뒤에 남았더라"(룻 1:5)는 말로 가장 절망적인 상황을 그리고 있지만, 이는 하나님의 개입과 간섭으로 인해 얼마든지 남은 자 곧 창조적인 소수로서 새로운 역사의 모태가 될 수 있음을 암시해주는 희망적인 표현이다.

이사야 10:20-23은 "그 날에 이스라엘의 남은 자와 야곱 족속의 피난한 자들이 다시는 자기를 친 자를 의지하지 아니하고 이스라엘의 거룩하신 이 여호와를 진실하게 의지하리니 남은 자 곧 야곱의 남은 자가 능하신 하나님께로 돌아올 것이라"고 했다. 이어서 "이스라엘이여 네 백성이 바다의 모래 같을지라도 남은 자만 돌아오리니 넘치는 공의로 파멸이 작정되었음이라"(사 20:22)고 했다. 이 얼마나 희망찬 선언인가? 하나님은 '남은 자들'을 통해 새로운 역사를 시작할 것을 말씀하시고, 이스라엘의 남은 자들과 하나님과의 관계가 회복되어 구원이 완성될 것임을 선포했다. '홀로 남았다'는 것은 그래서 희망이고 빛이다. 그러므로 룻기는 "그 여인은 두 아들과 남편의 뒤에 남았더라"(룻 1:5)는 표현을 통해 비록 나오미가 비참하고 가련하게도 홀로 남은 여인이 되었지만 그 여인으로 인하여 하나님의 역사가 새롭게 시작될 수 있음을 암시하고 있는 것이다.

룻기의 저자는 "나오미는 홀로 남았다! 그의 남편도 죽고 두 아들마저 죽었다. 희망이 없다. 그러나 하나님의 역사는 이제부터 시작될 것이다!"라고 말하고 있다.

## 하나님의 부르심

이와 같은 암시는 무엇을 의미하며 어떤 교훈을 주는가? 그것은 나오미가 비록 쓸모없는 여인이자 하찮은 여인이요, 모든 것을 잃고 희망마저 끊긴 비참한 여인, 고통 당하는 가련한 여인이었지만, 하나님은 그 여인을 통해 하나님의 뜻을 실현시키고 말 것이라는 뜻을 전한다. 그러기에 보잘것없는 상황에 처했을지라도 희망을 잃어서는 안 된다는 것이다. 모든 것을 잃었다 하더라도 절망하지 말라는 뜻이다. 모든 것을 상실하고, 모든 것으로부터 버림받았다 하더라도 그것이 인생의 종말은 아니다. 우리가 가진 모든 것의 상실은 하나님이 개입하는 계기가 되고, 하나님의 능력을 경험하는 기회가 되기 때문이다.

룻기는 바로 이와 같은 의미에서 "그 여인은 두 아들과 남편의 뒤에 남았더라"(룻 1:5)고 했고, 이러한 표현을 통해 이스라엘 백성이 처한 현실이 그와 같음을 나타내고 '남은 여인' 나오미의 이야기를 빌려 이스라엘의 역사를 풀어갔다. 이스라엘 역시 '남은 자들,' 하나님을 경외하며, 영적으로 살려는 소수의 무리들을 건져 내어 그들로 하여금 하나님의 역사를 완성해가시겠다는 강한 의지를 나타내는 것으로 보고 있다.(사 10:20-23)

그렇다면 비참한 처지로 내몰린 나오미는 어떤 길을 걷게 되었을까? 룻기 1:6은 이렇게 시작한다. "그 여인이 모압 지방에서 여호와께서 자기 백성을 돌보시사 그들에게 양식을 주셨다 함을 듣고 이에 두 며느리와 함께 일어나 모압 지방에서 돌아오려 하여." 모압 지방으로 떠났던 나오미가 다시 베들레헴으로 돌아오려 했다고 한다.

그렇다면 나오미를 자기 땅 베들레헴으로 돌아오게 한 계기는 무엇일까? 어째서 나오미는 그가 버린 그 땅으로 다시 돌아가기로 결심했단 말인가? 남편과 두 아들을 잃은 모압에는 더 머물 필요가 없다고 여겼기 때문일까?

룻기 1:6을 다시 주목해서 보면 "그 여인이 모압 지방에서 여호와께서 자기 백성을 돌보시사 그들에게 양식을 주셨다 함을 듣고 이에 두 며느리와 함께 일어나 모압 지방에서 돌아오려 하여"라고 했다. 나오미로 하여금 고향으로 돌아오게 한 것은 '여호와께서 자기 백성을 돌보시사 그들에게 양식을 주셨다 함을 들었기 때문'이라는 것이다. 다시 말해, 나오미는 자신의 불행의 원인이 하나님께로부터 오는 것이라는 사실을 깨달았다는 것이다.

우리는 나오미가 여러 차례에 걸쳐서, 자신에게 불행이 닥친 것은 하나님으로부터 매를 맞았기 때문이라고 고백한 사실에 주목해야 한다. 룻기 1:13에 의하면 '여호와의 손이 나를 치셨다'고 했고, 1:20은 '전능자가 나를 심히 괴롭게 하셨음이라'고 했고, 1:21은 '여호와께서 나를 징벌하셨고, 전능자가 나를 괴롭게 하셨음이라'고 고백했다. 불행이 닥친 것은 모두 자기 자신 때문이라고 했다. 그 원인이 자신에게 있다는 것이다.

우리는 여기서 매우 중요한 교훈을 얻게 된다. 그것은 '어떤 사람들이 하나님의 은총을 받는가' 하는 문제이다. 본문의 말씀대로 하면 하나님의 은총을 받는 사람은 자신을 아는 사람들이라 할 수 있다. 자신을 알고, 자신을 발견하는 사람이 바로 그 혜택을 누릴 수 있다.

이사야는 성전에서 기도하다가 하나님의 영광을 보게 되었을 때 "화로다 나여 망하게 되었도다 나는 입술이 부정한 사람이요 입술이 부정한 백성 중에 거하는 자로다"(사 6:5)라고 탄식했다. 베드로 역시 주님을 처음 만났을 때 "주여 나를 떠나소서 나는 죄인이로소이다"(눅 5:8)라고 울부짖으며 예수님 앞에 무릎 꿇었다. 바울은 "오호라 나는 곤고한 사람이로다 이 사망의 몸에서 누가 나를 건져내랴"(롬 7:24)고 했으며, "죄인 중에 내가 괴수니라"(딤전 1:15)고 했다.

그러나 하나님은 그들에게 어떻게 하셨는가? 이사야에게는 "이것이 네 입에 닿았으니 네 악이 제하여졌고 네 죄가 사하여졌느니라"(사 6:7)고 하셨고, 베드로에게는 "이제 후로는 네가 사람을 낚는 어부가 되게 하리라"(마 4:19, 눅 5:10)고 하셨다. 하나님의 은혜를 깨달은 바울은 "그리스도 예수 안에 있는 자에게는 결코 정죄함이 없나니"(롬 8:1), "무엇이든지 내게 유익하던 것을 내가 그리스도를 위하여 다 해로 여길 뿐더러"(빌 3:7)라고 했다.

자신을 알지 못하는 사람은 하나님을 알지 못한다. 자신을 발견하지 못하는 사람은 하나님을 보지 못한다. 그런데 나오미는 자신의 불행의 원인이 하나님께로부터 오는 것임을 알았고, 그 원인이 바로 자기 자신에게서 비롯된 것임을 깨달았다. 자신의 가족이 하나님을 떠났고, 하나님과 맺은 언약을 파기하고 약속의 땅을 떠났기 때문에, 자신에게 비극이 닥치고 불행이 왔다는 사실을 알게 된 것이다. 그래서 나오미는 베들레헴의 여인들에게 "내가 풍족하게 나갔더니 여호와께서 내게 비어 돌아오게 하셨느니라"(룻 1:21)고 고백했다.

지금 뼈아프게 겪고 있는 인생의 문제가 있다면 그것을 어떻게 이해하고, 어떻게 판단해야 할까? 우리는 지금 행복한가? 지금 슬픔을 겪고 있는가? 지금 기쁨을 누리고 있는가? 만일 지금 우리의 처지가 슬프고, 불행하며, 안 되는 일만 생기고, 실패만 거듭한다면 우선 그 원인을 추적해볼 필요가 있다. 그때 우리는 우리의 문제가 우리 자신에게 있음을 발견하게 될 것이다. 남을 탓할 것이 아니고, 환경을 저주할 일이 아니라는 것을 깨닫게 될 것이다. 모든 문제의 원인은 바로 나 자신이며, 우리 자신이 하나님을 떠나 있고 하나님과 등져 있기 때문이라는 것을 알게 될 것이다.

간혹 신앙생활에 기쁨이 없다고 말하는 사람이 있다. 어떤 사람은 기도가 안 되고, 찬송이 안 되고, 감사가 안 되는 것은 누구누구 때문이라며 책임을 전가하기도 한다. 심지어 그 원인이 교회나 목회자 혹은 어느 중직자에게 있다고 말하기도 한다. 그러나 진정 그런 것일까? 안 된 이야기지만 그런 분들에게는 잘 되는 것보다 잘 안 되는 것이 축복일 수 있다. 그렇지 않으면 고향으로 돌아올 기회를 영영 잃어버릴 수 있기 때문이다.

또한 모든 일이 꼬이기만 하고 잘 안 된다고 불평하는 사람이 있다면, 그리고 열심히 노력하고 최선을 다하는 데도 꼬이기만 한다고 여기는 사람이 있다면 그것도 축복이란 것을 알아야 한다. 그 이유는 히브리서 12:6에 "주께서 그 사랑하시는 자를 징계하시고 그의 받아들이시는 아들마다 채찍질하심이라"고 명시되어 있기 때문이다. 욥기 5:17-19도 "하나님께 징계 받는 자에게는 복이 있나니…하나님은 아프게 하시다가 싸매시며 상하게 하시다가 그 손으로 고치시나니 여섯 가지 환난에서 너를 구원하시며 일곱 가지 환난이라도 그 재앙이 네게 미치지 않게" 하신다고 적고 있다.

매를 맞는다는 것은 축복이지 비극이 아니다. 그 매를 맞고도 정신차리지 못하고 깨닫지 못하는 것이 문제이다. 나오미를 보라! 나오미는 자신에게 닥친 불행의 원인이 무엇인지를 알고, 왜 매를 맞았으며, 매를 때리시는 이가 누구인지도 깨달았다. 그래서 나오미는 '하나님이 자기 백성을 다시 돌아보셨다'는 소식을 듣고, 하나님께 돌아가기로 결심한 것이다.

### 나오미의 귀향

룻기 1:6-18에 기록된 말씀들 가운데 가장 빈번하게 등장하는 단어는 '돌아가다'이다. 이 단어는 1장에서 무려 여덟 번이나 반복된다. (룻 1:6, 7, 8, 10, 11, 15, 16. 참조, 15절은 2회) 의역이 되어 같은 뜻을 갖는 다른 구절들(룻 1:12, 17)까지 합한다면 모두 열 번이나 쓰였다.

'돌아가다'라는 단어는 히브리어로 '슈브'(שׁוּב)인데, 이 말은 '떠나온 장소로 되돌아간다'는 뜻을 담고 있다. 영어성경에서는 슈브를 '리턴'(return)으로 번역했다. 떠나온 장소로 되돌아가는 것, 다시 말하면 오르바와 룻에게 있어서 리턴은 그들의 친정 부모가 있는 고향으로 돌아간다는 것을 뜻하며, 이는 모압 땅에 그대로 머무는 것을 의미한다.

그러나 오르바나 룻과는 달리 나오미에게 슈브는 모압 땅을 떠나는 것이며, 하나님과 식량을 찾아서 고향 땅으로 되돌아가는 것을 의미한다. 그러기에 '돌아간다'는 말이 나오미에게는 단순히 고향이 그리워 고향을 찾아간다는 뜻이 아니다. 그가 버리고 떠나온 언약의 땅! 그가 등진 하나님께 대한 신앙! 그리고 이스라엘 백성들이 가나안 땅을 밟으며 꿈꾸던 그 이상의 세계로 되돌아간다는 것을 의미한다. 다시 말하면 하나님의 왕 되심을 버리고 떠난 그가 다시 그 신앙으로 되돌아간다는 뜻이다. '하나님은 나의 왕이시며 우리는 하나님의 백성이라'고 언약을 맺었던 그때 그 신앙의 자리로 되돌아간다는 것이다.

'돌아가다'란 말로 번역된 히브리어 '슈브'는 헬라어로는 '메타노이아'(*μετανόια*)인데, 이 말은 180도의 방향전환 곧 의식전환을 의미한다. 그러니까 나오미가 돌아갔다는 것은 곧 '마음을 돌렸다, 시각을 바꾸었다, 사고방식과 생활방식을 바꾸었다'는 뜻이 된다. 자기 소견에 옳은 대로 행하던 그가 마음을 돌이키고, 시각을 바꾸고, 삶의 방식을 바꾸어 왕이 되시는 하나님의 말씀과 그 명령에 따라 살기로 결심했다는 뜻이다.

우리는 이와 같은 사실을 나오미와 룻이 나누는 대화 속에서 발견할 수 있다. 나오미는 룻에게 "보라 네 동서는 그의 백성과 그의 신들에게로 돌아가나니 너도 너의 동서를 따라 돌아가라"(룻 1:15)고 했다. 이에 대해 룻은 "어머니의 백성이 나의 백성이 되고 어머니의 하나님이 나의 하나님이 되시리니"(룻 1:16)라고 답변함으로써, 돌아가는 일이 하나님에 대한 신앙과 연관되어 있음을 드러내고 있다.

여기에서 모든 것의 시작은 '일어나 떠나는 것'이 된다. 잘못된 곳으로부터 '일어나서' 떠나지 않고는 시작은 있을 수 없다. 아브라함이 고향과 친척과 아비집을 떠나고, 야곱이 세겜을 떠나고(창 35:1-5), 누가복음 15장에 나오는 탕자의 비유에서 탕자가 굶어 죽게 되었을 때 풍족한 아비의 집으로 돌아갈 것을 결심한 것처럼, 돌아가지 않고서는 하나님과의 관계가 회복될 수 없고, 영적 만족 또한 절대로 채워질 수 없다.

우리에게 왜 슬픔이 있을까? 우리에게 왜 고통이 따르는 것일까? 우리는 왜 영적 만족을 누리지 못하고, 불안해하며, 초조해하고, 마음의 갈피를 잡지 못한 채 사는 것일까? 물질이 그 원인인가? 가난이 우리의 모든 불행과 비극의 원인일까? 성경은 이에 대해 하나님을 등졌기 때문이라고 답한다. 아담과 하와의 불행을 비롯하여, 성경 전체에 흐르고 있는 모든 불행과 비극의 원인은 우리가 하나님으로부터 떠나 있거나, 등을 졌기 때문이라고 증언한다.

성경에서 하나님 없이 행복한 사람은 찾을 수 없다. 하나님 없이 승리한 사람도 없다. 만일 그런 사람이 있다고 생각한다면 그것은 큰 오해이다. 그것은 스스로를 속이는 착각이다. 하나님 없이는 결코 그 누구도 행복하거나 영원한 승자가 될 수 없다. 그러므로 모든 비극과 불행으로부터 벗어나는 길은 하나님께로 돌아가는 길이다. 탕자가 풍족한 아비의 집으로 돌아간 것처럼, 하나님께서 자기 백성에게 양식을 주셨다 함을 듣고 하나님이 계시는 고향으로 돌아갈 것을 결심한 나오미처럼 하나님께로 돌아가지 않고는 불행의 원인은 제거될 수 없다.

나오미는 베들레헴의 여인들에게 자신이 홀로된 것, 비어 돌아오게 된 것은 전능자가 그렇게 하신 것(룻 1:20-21)이라고 고백한다. 하나님의 뜻이고 징벌이라는 것이다. 여기에는 원망이 아니라 하나님이 왕 되심을 인정하고, 그 앞에 순복할 수밖에 없다는 고백이 담겨 있다. 내가 아니라 하나님이 그렇게 하셨다는 것이다. 내가 하나님을 버림으로써 하나님이 나를 징계하신 것이라는 고백이다. 내가 하나님을 버림으로 하나님이 나를 징벌하셨는데 이제야 그 뜻을 깨닫고 빈손으로 돌아오게 되었다는 것이다.

누가 지혜로운 사람인가? 누가 현명한 사람인가? 누가 자기를 아는 사람인가? 그는 자기를 발견하는 사람이다. 자신이 누구이고, 어디에 서 있고, 어떤 자리에 있는가를 깨닫고 제자리에 설 수 있는 사람이다. 그런 의미에서 늦게나마 자기 자신을 발견하고 되돌아갈 수 있었던 나오미는 현명하고 지혜로운 사람이라 할 수 있다. 때문에 나오미는 하나님의 길을 찾는 그리스도인에게 좋은 모델로 제시되고 있는 것이다.

# 동행

**룻기** 1:15-18

나오미가 또 이르되

보라 네 동서는 그의 백성과 그의 신들에게로 돌아가나니

너도 너의 동서를 따라 돌아가라 하니

룻이 이르되 내게 어머니를 떠나며

어머니를 따르지 말고 돌아가라 강권하지 마옵소서

어머니께서 가시는 곳에 나도 가고

어머니께서 머무시는 곳에서 나도 머물겠나이다

어머니의 백성이 나의 백성이 되고

어머니의 하나님이 나의 하나님이 되시리니

어머니께서 죽으시는 곳에서 나도 죽어 거기 묻힐 것이라

만일 내가 죽는 일 외에 어머니를 떠나면

여호와께서 내게 벌을 내리시고 더 내리시기를 원하나이다 하는지라

나오미가 룻이 자기와 함께 가기로 굳게 결심함을 보고

그에게 말하기를 그치니라

## 누가 하나님의 백성인가?

본문은 나오미와 두 자부가 시어머니의 고향인 유다 베들레헴을 향해 떠나가는 이야기이다. 이 이야기는 매우 흥미롭다. 나오미는 "여호와께서 자기 백성을 돌보시사 그들에게 양식을 주셨다 함을 듣고"(룻 1:6) 두 며느리와 함께 고향으로 돌아가다가 두 며느리에게 그들의 고향인 모압에 남을 것을 권한다. 룻기 1:8-9에 의하면 "너희는 각기 너희 어머니의 집으로 돌아가라 너희가 죽은 자들과 나를 선대한 것 같이 여호와께서 너희를 선대하시기를 원하며 여호와께서 너희에게 허락하사 각기 남편의 집에서 위로를 받게 하시기를 원하노라"고 했다. 표준새번역은 이 대목을 "너희는 각기 친정으로 돌아가거라. 너희가 죽은 너희의 남편들과 나를 한결같이 사랑하여 주었으니 주께서도 너희에게 그렇게 해주시기를 빈다. 너희가 각각 새 남편을 만나 행복한 가정을 이루도록 주께서 돌보아 주시기를 바란다." 라고 번역했다.

### 오르바와 룻

여기서 주목해야 할 것은 나오미가 두 자부에게 그들이 '죽은 남편과 나오미 자신을 한결같이 사랑하여 주었다.'고 증언한다는 사실이다. "나를 선대한 것 같이"(개역개정판)에서 '선대'라는 단어는 히브리어 '헤세드'(חֶסֶד)를 번역한 것으로서 헬라어 성경은 헤세드를 '아가페'(ἀγάπη)로 번역했다. 헤세드나 아가페는 하나님의 변함없는 사랑,

희생적인 사랑을 나타낼 때 사용하는 단어이다. 오르바와 룻 두 사람 모두 죽은 남편에게뿐 아니라 살아 있는 나오미에게까지 변함없이 극진한 사랑을 쏟아주었다는 것이다. 그러므로 나오미는 두 자부에게 "너희가 각각 새 남편을 만나 행복한 가정을 이루도록 주께서 돌보아 주시기를 바란다."(룻 1:9, 표준새번역)고 축복했다. 그리고 나오미는 이별을 고하기 위해 두 자부를 꼭 안아주었다. 그러자 오르바와 룻은 소리 높여 울며, "아닙니다. 우리는 어머니와 함께 어머니의 백성에게로 가겠습니다."(룻 1:10)라고 완강히 거절했다. 그러나 나오미는 "내 딸들아, 돌아가라."며 계속 만류했다. 또한 "너희가 어째서 나와 함께 가려고 하느냐? 너희 남편이 될 아들을 내가 다시 낳을 수 있겠느냐?"(룻 1:11)고 타일렀다.

당시 이스라엘 백성들에게는 레비라토법(Levirate Marriage)이라고 불리는 '계대결혼 규정'이 있었다. 계대결혼법은 신명기 25:5-10에 나오는 규정으로서, 자식 없이 남편이 죽었을 때 남편의 형제가 그 미망인과 결혼하여 남편의 대를 이어주어야 한다는 계율이다.

나오미는 이와 같은 계대결혼법에 의해 자신은 다시 결혼할 수 있는 나이도 아니고, 설령 결혼한다 하더라도 자식을 낳을 수 없는 처지임을 토로함으로써 자신이 얼마나 비참한 상태인가를 밝혔다. 룻기 1:12-13에 의하면 "얘들아, 너희 친정으로 돌아들 가거라. 나는 너무 늙어 재혼할 수도 없다. 만일 아직도 내가 희망이 있어 오늘밤이라도 재혼하여 아들을 낳는다고 해도 그들이 자랄 때까지 너희가 어떻게 기다릴 수 있겠느냐? 그들을 바라보고 너희가 어떻게 남편 없이 살 수 있겠느냐? 내 딸들아, 너희가 그럴 수는 없다."고 하였다. 더욱이 13절 하반절에는 "여호와의 손이 나를 치셨으므로 나는 너희로 말미암아 더욱 마음이 아프다!"고 탄식하기까지 했다.

나오미의 고백에 의하면 자신이 겪고 있는 불행의 원인은 자연적으로 발생한 일이 아니라는 것이다. 자신이 겪는 고난과 슬픔과 불행의 원인은 하나님의 징계 때문이라는 것이다. 때문에 나오미는 유다 땅에 흉년이 그쳤다(룻 1:6)는 소문을 듣고 고향으로 돌아가기로 결심했다. 하나님이 베푸시는 구원으로 말미암아 유다 땅에 흉년이 그친 것이라고 여겼기 때문이다.

룻기 1:6의 '돌보시사'란 표현을 개역성경은 '권고하다'라고 번역했다. 히브리어로는 '파카드'(פָּקַד)인데 이 말은 '권고하다, 방문하다, 주의를 기울이다, 계수하다'란 뜻으로, 목자가 양떼를 보살피기 위해 양들을 계수하고 모든 환경을 주의 깊게 돌아보는 상태를 일컫는 말이다.(출 4:31, 렘 23:2) 이는 하나님과의 언약을 파기하고 하나님을 떠났을 때 하나님께서 징계를 내리셨지만, 이스라엘이 다시 깨닫고 회개하면 하나님은 그 백성을 돌보기 위해 찾아오신다는 의미이다.

이스라엘 백성의 회개와 하나님의 돌보심은 사사기에서 자주 반복되는 내용이다. 무어헤드가 말한 바와 같이 사사기에는 이스라엘 백성의 회개와 거듭된 하나님의 돌보심에 대하여 '이스라엘이 일곱 번 배신하고, 일곱 나라에 일곱 번 예속되었으나, 하나님께서 일곱 번 구출하셨다는 내용'으로 가득 차 있다. 룻기 역시 이러한 관점에서 하나님의 심판과 인간의 회개에 대한 거듭된 구원을 적고 있다.

룻기 1:1에서는 '이스라엘 백성들의 죄악에 대한 하나님의 심판의 결과'라는 뜻에서 흉년을 언급했고, 룻기 1:6에서는 풍작을 언급함으로써 이스라엘 백성이 다시 돌이킴으로 하나님께서 그들의 백성을 기억하고 다시 찾아오시게 되었다는 것을 표현한다.

룻기 1:14에서 나오미의 간곡한 만류로 인해 오르바는 결국 발걸음을 돌리고 만다. 이 대목을 현대인의 성경은 "이 말을 들은 두 며느리는 다시 소리를 높여 함께 울다가 오르바는 시어머니께 입을 맞춰 작별 인사를 하고 친정으로 돌아갔으나 룻은 계속 시어머니 곁을 떠나지 않았다."(룻 1:14)고 번역했다. 오르바가 떠난 후 나오미는 다시 룻에게도 권한다. "너의 동서는 자기 백성과 신들에게로 돌아갔는데 너도 동서를 따라 돌아가거라."(룻 1:15, 현대인의 성경) 이에 대해 룻은 단호하게 "저에게 억지로 어머니 곁을 떠나라고 강요하지 마시고 어머니와 함께 가게 해주세요. 어머니께서 가시는 곳에 저도 가고 어머니께서 사시는 곳에 저도 살겠습니다. 어머니의 백성이 저의 백성이 되고 어머니의 하나님이 저의 하나님이 되실 것입니다. 어머니께서 돌아가시는 곳에서 저도 묻힐 것입니다. 죽음이 우리를 갈라놓기 전에 만일 제가 어머니 곁을 떠나면 여호와께서 저에게 무서운 벌을 내리시기 원합니다."(룻 1:16-17)라고 했다.

이 대목을 주의 깊게 살펴볼 필요가 있다. 그 이유는 많은 사람들이 오르바는 불효한 여인이고, 룻은 효심이 깊은 여인으로 오해하고 있기 때문이다. 과연 오르바는 불효했고, 룻은 효심이 지극했다고 할 수 있을까? 룻기는 그것을 전하기 위해 두 인물을 등장시킨 것일까?

이러한 해석은 룻기의 사상을 전혀 이해하지 못한 연고이다. 고작해야 시어머니와 며느리 사이의 갈등과 효심을 대조시키면서, 시부모를 잘 섬기고 공경하라는 가르침을 룻기의 핵심 내용이라고 받아들인다면 룻기란 책이 어떤 책인가를 전혀 알지 못하는 것이다.

오르바를 보라. 오르바는 시어머니의 만류에도 불구하고 처음에 "우리는 어머니와 함께 어머니의 백성에게로 돌아가겠나이다"(룻 1:10)라고 했다. 룻기 1:9에서 나오미가 그들에게 입을 맞추고 작별하려고 하자 "그들이 소리를 높여 울며"라는 표현을 쓴 것은 룻만이 아니라 오르바 역시 큰 소리로 울며 자신도 따라가겠다고 했다는 뜻이다. 더욱이 나오미는 오르바와 룻에게 똑같이 "너희는 모두 친정으로 돌아가거라. 너희는 죽은 너희 남편과 나를 정성껏 섬겼다. 그러므로 여호와께서 너희가 행한 대로 갚아 주시기 원한다."(룻 1:8, 현대인의 성경)고 했다. 룻기 1:8 상반절을 보면 분명히 "나오미가 두 며느리에게 말하였다."(현대인의 성경)라고 했다. 룻만이 아니라 오르바도 죽은 남편과 시어머니를 정성껏 섬겼다는 뜻이다.

그런데 어떻게 오르바가 시어머니를 제대로 공경하지 못했다고 할 수 있는가? 나오미가 오르바나 룻 두 사람 모두에게 하나님의 사랑을 표현하는 '헤세드'라는 단어를 사용하여 "너희가 죽은 자들과 나를 선대한 것 같이 여호와께서 너희를 선대하시기를 원하며"(룻 1:8)라고 한 것은 두 자부 모두 지극 정성으로 죽은 남편과 시어머니를 섬겼다는 뜻이다. 남편과 시어머니를 공경한 데는 오르바나 룻에게 차이가 없다. 다만 차이가 있다면 그들의 신앙과 결단에 대한 차이일 뿐이다. 오르바는 며느리로서 시어머니를 끝까지 봉양하겠다는 뜻으로(룻 1:10) 시어머니를 따라가겠다고 나섰다. 그는 며느리로서의 도리를 다하고자 한 것이다. 그 의미가 바로 "우리는 어머니와 함께 어머니의 백성에게로 돌아가겠나이다"(룻 1:10)라는 말 속에 담겨 있다. 하지만 이와 같은 오르바의 대답 속에는 분명 '하나님'이란 단어가 나오지 않는다. 오르바는 단지 '어머니와 함께 어머니의 백성에게로 돌아가겠다.'고 했을 뿐이다.

### 룻의 선택이 의미하는 것

그러나 룻은 달랐다. 함께 동행하겠다는 이유를 며느리로서 시어머니를 봉양하겠다는 것이 아니라 신앙에 두고 있다. 룻기 1:16에 의하면 "어머니의 백성이 저의 백성이 되고 어머니의 하나님이 저의 하나님이 되실 것입니다."(현대인의 성경)라고 했다. 이 대답은 시어머니 나오미의 "너의 동서는 자기 백성과 신들에게로 돌아갔는데 너도 동서를 따라 돌아가거라."(룻 1:15, 현대인의 성경)는 권면에 대한 대답이다. 시어머니는 오르바가 자기 백성과 신들에게로 돌아갔다(룻 1:15)고 했고, 룻은 어머니의 백성과 어머니의 하나님에게로 가겠다(룻 1:16)고 하는 것이다. 같은 맥락에서 룻은 "만일 제가 어머니 곁을 떠나면 여호와께서 저에게 무서운 벌을 내리시기 원합니다."(룻 1:9, 현대인의 성경)라고 했다. 이와 같은 결심은 하나님에 대한 그의 신앙의 표현으로서 하나님만이 그에게 벌을 내리실 수 있고 구원하실 수 있는 분이심을 나타낸 것이다.

룻과 오르바의 차이는 바로 여기에 있다. 오르바가 시어머니 곁을 떠난 것은 효성이 부족해서가 아니다. 오르바는 자신이 섬기던 신들에게로 돌아간 것이고, 룻은 여호와 하나님을 자신의 하나님으로 인정하고 받아들여 나오미를 따라나선 것이다. 그러기에 보아스도 룻에게 친절을 베풀 때(룻 2:10), “네 남편이 죽은 후로 네가 시어머니에게 행한 모든 것과 네 부모와 고국을 떠나 전에 알지 못하던 백성에게로 온 일이 내게 분명히 알려졌느니라”(룻 2:11)고 칭찬하면서, “이스라엘의 하나님 여호와께서 그의 날개 아래에 보호를 받으러 온 네게 온전한 상 주시기를 원하노라”(룻 2:12)고 한 것이다. 이는 이제까지 가졌던 민족과 자신의 종교의 추구나 개인적인 행복을 뛰어넘어 ‘어머니의 백성이 나의 백성이 되고, 어머니의 하나님이 나의 하나님이 되신다.’는 룻의 결단에 대한 보아스의 칭찬인 것이다.

보아스는 룻의 행위를 신앙의 행위로 받아들였다. 그리고 룻의 결심과 결단을 아브라함의 결심과 결단에 비유했다. 창세기 12:1을 보면, 하나님은 아브라함에게 “너는 너의 고향과 친척과 아버지의 집을 떠나 내가 네게 보여줄 땅으로 가라”고 하셨고, 아브라함은 하나님의 말씀에 따라 “고향과 친척과 아버지의 집을” 떠났다. 이 대목을 히브리서 11:8은 “믿음으로 아브라함은 부르심을 받았을 때에 순종하여 장래의 유업으로 받을 땅에 나아갈새 갈 바를 알지 못하고 나아갔으며”라고 했다. 우상 숭배자 데라(창 11:27, 수 24:2, 5)의 아들 아브라함이 하나님의 명령에 따라 고향과 친척과 아비 집을 떠났고, 하나님과의 언약을 통해 하나님의 자손이 되고, 하나님은 그들의 하나님이 된 것처럼, 룻 역시 아브라함과 같은 고백과 결심과 결단을 통해 하나님의 백성이 된 것이다. 신명기 23:3에 "암몬 사람과 모압 사람은 여호와의 총회에 들어오지 못하리니 그들에게 속한 자는 십 대뿐 아니라 영원히 여호와의 총회에 들어오지 못하리라"고 했던 모압 여인 룻이 여호와의 총회에 들어오게 된 것이다.

이 얼마나 놀라운 일인가? 룻의 신앙과 결단과 고백이 '영원히 여호와의 총회에 들어올 수 없는' 그를 여호와의 총회에 들어오게 한 것이다. 그런데도 어떻게 오르바의 행위를 불효로, 룻의 행위를 효심으로만 단정 지을 수 있을까? 그렇게 단정 짓는 것은 성경의 깊은 진리를 인간의 도덕적 행위로 바꾸는 것과 다름이 없다.

## 룻기가 말하는 믿음

우리가 알아야 할 사실은 룻기는 결코 효성을 가르치는 책이 아니라는 것이다. 룻기는 하나님을 왕으로 섬긴다는 것의 의미와 참된 신앙의 의미를, 룻을 통해 보여주고자 하는 책이다. 결국 오르바는 자기의 소견에 옳은 대로 행함으로써 그의 백성과 신들에게로 돌아갔지만(룻 1:15), 룻은 하나님을 왕으로 섬김으로써 하나님의 백성이 될 수 없는 자였음에도 불구하고 하나님의 백성이 되었다는(룻 1:16-17) 것이다.

누가 진정한 하나님의 백성인가? 이스라엘의 혈통을 순수하게 간직하기만 한다면 하나님의 백성인 것인가? 왕이신 하나님의 뜻을 저버리고 자기 소견에 옳은 대로 행하는 사람도 하나님의 백성이라 할 수 있는가? 이에 대해 룻기는 단호하게 혈통의 순결성만이 진정한 족보의 의미를 갖는 것은 아니라고 말한다. 혈통의 순결성만을 지켜냄으로 하나님의 백성이 될 수 있다면 어떻게 하나님은 모압 여인 룻을 통해 다윗의 조부 오벳을 태어나게 하실 수 있었겠는가?

룻기의 저자는 '하나님은 나의 왕이시다!'라는 하나님과 맺은 언약의 실천만이 하나님의 백성과 이방 백성을 판가름하는 중요한 잣대가 된다고 말한다. 참된 신앙은 하나님과의 언약에 따라 '하나님은 나의 왕이시다!'는 믿음으로 사는 것이다. 이에 반해 하나님을 떠난 신앙이란 '자기의 소견에 옳은 대로 행하는 것'이다. 아담과 하와의 타락은 무엇 때문인가? "너희 눈이 밝아져 하나님과 같이 되어 선악을 알"게 되는(창 3:5) 유혹 때문이었다.

바울은 로마교회로 보낸 편지에서 "그들이 마음에 하나님 두기를 싫어하매 하나님께서 그들을 그 상실한 마음대로 내버려 두사 합당하지 못한 일을 하게 하셨으니"(롬 1:28)라고 지적하고, "육신의 생각은 사망이요 영의 생각은 생명과 평안이니라"(롬 8:6)고 했다.

'자기의 소견에 옳은 대로 행한다는 것'은 '하나님을 왕으로 섬기는 것'과 배치되는 것이다. 하나님을 왕으로 섬긴다는 것은 하나님의 지배를 받는 것이고, 자기의 소견에 옳은 대로 행한다는 것은 육신의 생각에 옳은 대로 행하는 것이다. 룻기는 오르바와 룻이라는 두 여인의 각기 다른 삶의 방식을 통해 하나님을 왕으로 섬기는 것과 자기의 소견에 옳은 대로 행하는 것의 차이를 보여준다.

오르바에게는 '여호와는 나의 왕이시다.'는 믿음이 없었다. 그는 며느리로서 시어머니를 봉양하고자 하는 효심은 가득했으나, '어머니의 하나님이 자신의 하나님이 되고, 어머니의 백성이 자신의 백성이 된다.'는 그 결심과 그 결단은 갖지 못했다. 그는 착한 사람이었다. 시부모와 남편을 정성껏 섬긴 여인이었다. 그러나 문제는 좋은 사람, 착한 사람, 인간의 도리를 감당할 줄 아는 사람이라고 모두 구원의 대상이 되는 것은 아니라는 것이다. 하나님의 백성이 되는 것은 믿음과 결부되어 있다. 하나님을 어떻게 믿고, 어떻게 고백하느냐에 따라 우리의 신분과 자격이 달라지고 하나님의 백성이 되는 길이 열린다.

예수님 앞에 영생을 구하러 온 부자 청년을 보라. 그가 예수님이 나열하신 계명에 대해 "이것은 내가 어려서부터 다 지켰나이다"(막 10:20)라고 하자 예수님께서 그에게 말씀하시기를 "네게 아직도 한 가지 부족한 것이 있으니 가서 네게 있는 것을 다 팔아 가난한 자들에게 주라 그리하면 하늘에서 보화가 네게 있으리라 그리고 와서 나를 따르라"(막 10:21)고 하셨다. 이 말씀 속에는 비록 그 청년이 어렸을 때부터 모든 계명을 다 지켰다 하더라도 한 가지 부족한 것, 그것을 채우지 못하면 영생을 얻을 수 없다(막 10:20-21)는 뜻이 담겨 있다. 그에게 한 가지 부족한 그것은 무엇일까? 그것은 그가 '선한 선생님이여'라고 부른 예수님을, 영생을 주실 바로 그 하나님으로 믿는 것이다. 그러나 그 청년은 영생을 얻으려고 왔음에도 불구하고 예수님을 자신에게 영생을 주실 그 하나님으로 믿지는 못했다. 그 이유는 무엇인가? "재물이 많은 고로"(막 10:22), 다시 말하면 많은 재물을 버리고 나를 따르라고 하신 그 예수님을 하나님으로 믿지 못했다는 것이다. 부자 청년은 자신이 어려서부터 하나님이 주신 계명(신 28장)을 다 지켜서 부자가 된 줄로 알았는데 그 재물을 버리라고 하시는 예수님을, 자신으로 하여금 부자가 되게 하신 그 하나님으로 믿을 수 없었다는 뜻이다.

그렇다고 이 말이 윤리나 도덕이나 인간으로서 해야 할 도리를 망각한 채 입버릇처럼 "주여, 주여" 한다고 해서 영생을 얻을 수 있다는 뜻은 아니다. 오늘 본문에 나오는 룻과 같이 자신의 도리는 물론이거니와 하나님을 왕으로 섬기는 올바른 신앙의 결단만이 구원과 영생에 이르게 할 수 있다.

하나님을 왕으로 섬기는 사람은 어떻게 살아야 하는가? 하나님을 왕으로 섬기는 사람은 '자기의 소견에 옳은 대로 행하는 것'을 버리고 그 이상을 행해야 한다. 하나님은 왕이시기에 하나님의 명령에 따라 죽고 사는 삶, 바울의 고백대로 하자면 '내 안에 내가 사는 것이 아니라 왕이 되시는 그리스도께서 사시는 삶'이 되어야 한다는 것이다. 그것이 바로 하나님을 왕으로 섬기는 자의 삶이고, 하나님의 지배를 받는 자의 삶이며, 육신의 생각을 버리고 영을 좇아 사는 사람의 모습이다.

오늘 이 시대에도 하나님의 백성답게 살아가기를 바란다면 오르바와 룻 중에 누가 진정 하나님의 백성답게 살았는가에 대한 올바른 판단과 결단이 수반되어야 한다. 오르바가 인간적인 여러 덕행에도 불구하고 '자기의 소견에 옳은 대로 행함'으로 하나님의 백성이 되지 못했다면, 룻은 자기의 소견에 옳은 대로 행하는 것 그 이상으로 왕이 되시는 하나님의 명령에 따라 살려는 믿음으로 말미암아 하나님의 백성이 되었다.

우리의 경우는 어떠한가? 과연 왕이 되시는 하나님의 명령에 따라 살고 있는가? 아니면 자기의 소견에 옳은 대로 행하고 있는가? 우리는 누구의 지배를 받고, 누구의 명령에 따라 살고 있는가? 룻과 오르바, 그들 중 누구와 같은 삶을 살고 있는가? 이것이 오늘 우리가 묵상해야 할 내용이다.

룻과 오르바의 차이는 바로 여기에 있다. 오르바가 시어머니 곁을 떠난 것은 효성이 부족해서가 아니다. 오르바는 자신이 섬기던 신들에게로 돌아간 것이고, 룻은 여호와 하나님을 자신의 하나님으로 인정하고 받아들여 나오미를 따라나선 것이다.

# 비통

**룻기** 1:19-22

베들레헴에 이를 때에
온 성읍이 그들로 말미암아 떠들며 이르기를
이이가 나오미냐 하는지라
나오미가 그들에게 이르되 나를 나오미라 부르지 말고
나를 마라라 부르라
이는 전능자가 나를 심히 괴롭게 하셨음이니라
내가 풍족하게 나갔더니
여호와께서 내게 비어 돌아오게 하셨느니라
여호와께서 나를 징벌하셨고 전능자가 나를 괴롭게 하셨거늘
너희가 어찌 나를 나오미라 부르느냐 하니라…

## 나를 나오미라 하지 말라!

나오미가 룻과 함께 베들레헴으로 돌아오자 베들레헴의 여인들이 나오미를 알아보고 한마디씩 건넸다. "정말 이 사람이 나오미냐?" 이와 같은 반응은 단순히 나오미가 고향으로 돌아온 것에 대한 놀라움을 나타낸 것이 아니다. 오히려 남편과 두 아들을 잃고 며느리만을 데리고 빈손으로 돌아온 나오미의 처량한 모습을 보고 자신들의 비통한 심정을 드러낸 것이다. 10년 전 고향을 떠날 때와는 너무도 달라진 모습이었기 때문이다.

그때 나오미는 자신의 달라진 모습을 보고 비통해하는 여인들에게 "나를 나오미라 부르지 말고 마라라고 불러주시오. 이것은 전능하신 하나님이 나에게 괴로운 시련을 많이 주셨기 때문입니다. 내가 이곳을 떠날 때는 가진 것이 많았으나 여호와께서는 나를 빈손으로 돌아오게 하셨습니다. 여호와께서 나를 버리시고 나에게 괴로움을 주셨으니 어떻게 당신들이 나를 나오미라고 부를 수 있겠습니까?"라고 말했다. 나오미는 자신의 불행이 하나님의 징계에 의한 것임을 고백한 것이다.

### 너희가 어찌 나를

나오미는 왜 불행하게 된 것인가? 왜 그녀에게 비극이 찾아온 것인가? 이에 대해 나오미는 '여호와께서 나를 버리시고 나에게 괴로움을 주셨기 때문'이라고 했다. 여호와께서는 왜 나오미를 버리시고,

괴로움을 주신 것일까? 하나님은 사랑하는 자를 그렇게 쉽게 버리시고, 괴로움을 주는 분이신가? 자신의 백성이 평화롭고 행복한 것을 그냥 놔두고만 보시지 않는 심술궂은 분이신가?

출애굽기 34:6에 의하면 "여호와께서 그의 앞으로 지나시며 선포하시되 여호와라 여호와라 자비롭고 은혜롭고 노하기를 더디하고 인자와 진실이 많은 하나님이라"고 하였다.(대하 30:9, 욜 2:13, 욘 4:2) 신명기 4:31에서는 "네 하나님 여호와는 자비하신 하나님이심이라 그가 너를 버리지 아니하시며 너를 멸하지 아니하시며 네 조상들에게 맹세하신 언약을 잊지 아니하시리라"고 하셨다. 이 말씀들에 의하면 하나님은 절대로 그의 백성을 버리시지도 않고, 떠나시지도 않고, 멸하시지도 않는 분이시다.

그런데도 여호와께서 나오미를 버리시고 나오미에게 괴로움을 주셨다는 것은 무슨 뜻일까? 당시의 시대상으로 표현한다면 '나오미가 하나님을 버림으로 하나님이 그를 버리셨다.'는 뜻이 된다. 사사기 2:13-14는 "그들이 여호와를 버리고 바알과 아스다롯을 섬겼으므로 여호와께서 이스라엘에게 진노하사 노략하는 자의 손에 넘겨 주사 그들이 노략을 당하게 하시며 또 주위에 있는 모든 대적의 손에 팔아 넘기시매 그들이 다시는 대적을 당하지 못하였으며"라고 했다. 이어서 15절은 "그들이 어디로 가든지 여호와의 손이 그들에게 재앙을 내리시니 곧 여호와께서 말씀하신 것과 같고 여호와께서 그들에게 맹세하신 것과 같아서 그들의 괴로움이 심하였더라"고 했다. 사사기 3:7과 10:6, 13도 같은 뜻이다. '여호와께서 나를 버리시고'라는 말은 하나님이 나오미를 버리셨다는 뜻이 아니라, 나오미가 하나님을 버렸다는 뜻이다. 그리고 '나에게 괴로움을 주셨으니'라는 말은 나오미의 불행의 원인이 하나님을 버리고 떠난 데 대한 하나님의 징벌이라는 뜻이다.

그런데 '어떻게 당신들이 나를 나오미(복된 자)라고 부를 수 있겠느냐?'는 것이다. '내가 이곳을 떠날 때는 가진 것이 많았으나 여호와께서 나를 빈손으로 돌아오게 하시고, 내가 하나님을 버림으로 하나님이 나를 버리셔서 하나님의 징벌을 받았는데, 어떻게 나를 하나님의 사랑받는 여인 나오미라고 할 수 있겠느냐?'는 것이다. 하나님의 채찍을 맞아 징벌을 받은 여인이요, 버림받은 여인이라면 당연히 슬픈 여인, 비극적 여인, 저주받은 여인인 '마라'라고 불려야 할 것이라는 고백이다. 나오미는 자신의 삶이 어떤 삶이었는가를 이처럼 솔직하게 고백하고 있다. 자신이 당하는 고통은 자신 때문에 일어난 일이며 하나님을 원망할 일이 아니라는 것이다.

우리는 나오미의 고백을 통해 그의 믿음을 엿볼 수 있다. 자신이 겪고 있는 고통이 하나님께로부터 내려진 것이므로 징벌을 내리신 하나님의 뜻을 겸손히 받아들인다는 뜻을 품고 있기 때문이다. 특별히 하나님에 대한 칭호를 보면, 나오미는 두 차례에 걸쳐 자신에게 징벌을 내리신 하나님에 대해 "전능자"(룻 1:20, 21)라고 했다. 전능자란 히브리어로 '솨다니'(שַׁדַּי)인데 이는 하나님의 택한 백성이 순종의 길을 걸어갈 때에는 무한한 복을 내려주시지만, 어그러진 길로 갈 때에는 어김없이 공의로 심판하시는 하나님의 속성을 나타낸다.

나오미는 이와 같은 표현을 통해 자신의 불행이 하나님께로부터 일어난 일이라는 고백과 함께 자신의 잘못을 깨닫고 뉘우치는 회개의 심정을 드러내고 있다. 풍족하게 하신 분도 하나님이시요, 비어 돌아오게 하신 분도 하나님이시라는 뜻이다. 내가 괴로움을 당하는 것은 나의 죗값으로서, 나는 '사랑스러운 자, 복된 여자' 곧 '나오미'라고 불릴 자격이 없는 자라는 것이다. '괴로움, 쓰라림'을 의미하는 '마라라 불러 달라'(룻 1:20)고 한 것은 자신의 불행을 죄의 값으로 여기고 하나님의 뜻에 조용히 순종하겠다는 의미이다. 나오미는 이처럼 '회개한다, 뉘우친다, 용서를 구한다'는 표현을 사용하지는 않았지만 자신의 잘못이 무엇인지를 뉘우치고, 전능하신 하나님의 뜻에 굴복하고 순종하겠다는 믿음을 드러냈다.

이러한 이야기는 이스라엘 백성에게 어떻게 비춰졌을까? 아마도 나오미의 회한과 자성을 통해 룻기 저자는 자기 시대 백성들에게 자신들의 불행의 원인이 무엇인가를 성찰하게 했을 것이다. 정말 우리 민족이 당하는 비극의 원인은 무엇일까? 하나님의 능력이 부족해서 나라를 잃고 성전이 무너지게 된 것일까? 이에 대해 룻기의 저자는 하나님이 우리를 버리신 것이 아니라, 우리가 하나님을 버렸기 때문이라고 말한다.

믿음의 조상 아브라함은 하나님의 부르심을 받았을 때 갈 바를 알지 못하고도 장래 유업으로 받을 땅을 향해 나아갔으나(히 11:8) 우리는 오히려 하나님과의 언약을 파기하고 등을 졌기 때문이라고 말한다. 그것이 룻기 1장의 서론에 뒤이어 "내가 풍족하게 나갔더니 여호와께서 내게 비어 돌아오게 하셨느니라"(룻 1:2)는 말씀과 거듭 '전능자'라는 고백 속에 드러나고 있다.

## 전능자가 나를 괴롭게 하셨거늘

그러면 하나님은 어째서 우리에게 슬픔을 주시는 것일까? 하나님은 왜 우리에게 징벌을 내리시고 채찍질을 하시는 것일까? 고통이 아니고는 다스릴 수 없는 것인가? 전도서 3:11은 "하나님이 모든 것을 지으시되 때를 따라 아름답게 하셨고 또 사람들에게는 영원을 사모하는 마음을 주셨느니라"고 한다. 슬픔을 주신 이유가 '영원을 사모하게 하기 위해서'라는 것이다. 히브리서 12:6은 "주께서 그 사랑하시는 자를 징계하시고 그가 받아들이시는 아들마다 채찍질하심이라"고 하였다. 또한 히브리서 12:10은 "오직 하나님은 우리의 유익을 위하여 그의 거룩하심에 참여하게 하시느니라"고 하였다.

다윗의 경우 그는 밧세바와의 사이에서 낳은 아들이 하나님의 징계로 병을 얻었을 때 몇 날 며칠을 금식하며, 밤새도록 땅에 엎드려 살려달라고 울부짖었다. 그런데도 아이가 죽자 신하들은 다윗이 너무 비통하게 가슴을 치며 통곡한 것을 기억하고 그 사실을 알리지 못했다. 그때 다윗은 아이가 죽은 것을 깨닫고 사실을 확인한 후 몸을 씻고, 기름을 바르고, 의복을 갈아입고, 하나님께 경배한 다음 음식을 먹었다. 신하들은 다윗에게 물었다. "아이가 살았을 때에는 그를 위하여 금식하고 우시더니 죽은 후에는 일어나서 잡수시니 이 일이 어찌 됨이니이까."(삼하 12:21) 그러자 다윗은 "아이가 살았을 때에 내가 금식하고 운 것은 혹시 여호와께서 나를 불쌍히 여기사 아이를 살려 주실는지 누가 알까 생각함이거니와 지금은 죽었으니 내가 어찌 금식하랴 내가 다시 돌아오게 할 수 있느냐 나는 그에게로 가려니와 그는 내게로 돌아오지 아니하리라"(삼하 12:22-23)고 했다.

나오미의 고백이 바로 이와 같다. 자기를 풍족하게 하셨다가 텅 비게도 하신 이가 하나님이시고, 그로써 자신이 괴로움을 당하더라도 그 역시 하나님께서 하신 일이니 자신은 그 전능하신 하나님 손에 모든 것을 의탁한다는 믿음을 드러낸 것이다.

참된 신앙이란 무엇인가? 믿음으로 산다는 것은 또 무엇인가? 하나님의 백성으로 산다는 것은 어떻게 사는 것을 의미하는가? 처절하게 망하고, 철저하게 내던져지고, 곤두박질칠 대로 친 인생의 여정에서 그래도 하나님을 믿고 하나님을 의지해야 할 이유는 무엇인가? 그 이유에 대해 룻기의 저자는 '나오미를 보라!'고 말한다.

행복할 때에만 부르짖는 신앙은 참 신앙이 아니다. 잘 나갈 때에만 하나님을 찾는 믿음은 참 믿음이 아니다. 하나님의 백성으로 산다는 것은 하나님을 왕으로 섬기며 사는 것이다. 하나님을 왕으로 섬기며 사는 사람은 왕이 되시는 하나님이 징벌을 내리신다 할지라도 달게 받을 수 있어야 한다. 처절하게 망하고, 철저하게 내던져지고, 곤두박질친 인생의 여정이라 할지라도, 그렇게 행하시는 그 하나님을 '전능자'라고 부를 수 있는 신앙이 참된 신앙이라는 것이다.

결코 흔들리지 않고, 결코 변하지 않는 나오미의 그 믿음을 보라!

하나님을 왕으로 받아들여 하나님의 백성이 된 룻과 하나님이 왕이심을 거부하여 자기 소견에 옳은 대로 행한 오르바를 대비시킨 룻기의 저자는 나오미의 고백을 통해 참된 신앙과 하나님의 백성으로 산다는 것이 무엇인가를 깨우치고 있다.

### 새롭게 길을 찾은 나오미

사람들은 대체적으로 뜨겁게 기도함으로써 수많은 이적을 체험하고, 하나님의 임재와 능력을 경험해야만 믿음이 좋은 사람이라는 생각을 가지고 있다. 아무리 기도해도 응답받지 못하거나, 어떤 신비한 체험도 하지 못했다고 하면 아예 신앙이 없는 사람으로 취급을 한다. 과연 그런 것일까? 그렇다면 믿음을 지키며 사는 것이 가장 어려운 때는 어느 때라고 보는가? 모든 것이 기도하는 대로 척척 이루어질 때인가? 그렇지 않다. 가장 어려운 때는 아무리 기도하고, 아무리 울부짖어도, 이적은커녕 하나님의 응답이라고 간주될 만한 그 어떤 일도 일어나지 않을 때이다. 이유 없이 망하고, 이유 없이 실패하고, 이유 없이 인생의 질곡에서 곤두박질칠 때, 믿음을 지키기 어려운 상황임에도 불구하고 믿음을 지킨다는 것은 참으로 어렵고 힘든 일이다.

만일 기도하는 대로 모든 것이 척척 이루어지고, 하나님의 응답이 즉각적으로 나타난다고 생각해보라. 그럴 때는 믿음을 지키는 일이 어렵지 않다. 계속적으로 하나님의 응답을 받고, 하나님의 능력을 체험할 수 있다면 어느 누가 신앙생활을 포기하겠는가? 그러나 아무리 울부짖고, 몸부림쳐도 실패만 거듭하고, 고난과 고통만 따르고, 하는 일마다 안 되고, 계획하는 일마다 실패로 돌아갈 때, 그럼에도 불구하고 신앙을 지킨다는 것은 그리 쉬운 일이 아니다. 그런 때야말로 '나는 하나님 앞에 버림받았다.'는 절망감이나, '하나님은 존재하지 않는다.'는 불신앙이나, '나는 더 이상 하나님의 자녀가 아니다.'라는 거부감이 밀려들 수밖에 없다. 이러한 처지에 놓인다면 어느 누구나 낙담할 수밖에 없고 좌절할 수밖에 없다. 그런데 룻기는 바로 이러한 처지에 놓인 사람들에게 신앙의 모델을 제시한다. 그가 바로 나오미와 룻이다.

나오미와 룻은 인생의 질곡에서 내려갈 대로 내려간 사람이다. 실패할 때로 실패하고, 망할 대로 망하고, 당할 대로 당한 사람들이다. 이들의 현재는 막혀 있고, 희망이라곤 찾아볼 수 없고, 기대할 것조차 없다. 그래도 그들은 좌절하지 않았고, 하나님의 손에 의해 징벌을 받았다고 고백하면서도 하나님을 배신하지 않았으며, 오직 하나님의 주권에 모든 것을 맡기고 하나님을 전적으로 신뢰하는 믿음을 잃지 않았다. 하루하루 목숨을 부지하기조차 버거운 현실 속에서도 자기 자신에게 주어진 삶에 최선을 다했으며 믿음을 지켜간 것이다. 거듭되는 실패와 하나님의 오랜 침묵 속에서도 그들은 결코 믿음을 잃지 않았고, 하나님의 선하심을 굳게 믿고 전적으로 신뢰하였다. 이러한 믿음이야말로 우리 모두가 갈망해야 할 진정한 믿음이다. 아무리 노력해도 실패만 반복하게 되고, 아무리 기도해도 응답되지 않는 절망감이 엄습하더라도 역사의 주인이신 하나님을 떠나거나 배반하지 않고 오히려 그분에게 삶의 모든 것을 맡기는 신앙이야말로 진정한 신앙이라는 것이다.

룻기에서는 하나님의 섭리와 역사의 개입이 구체적으로 드러나지 않지만 등장하는 인물들의 입술과 그 입술을 통해 나타나는 하나님에 대한 찬미에서 그것을 찾을 수 있다. 나오미와 룻을 비롯하여 룻기에 등장하는 인물들은 진정한 믿음을 가진 자들이기에 그들은 삶의 여정에서 결정적인 순간에 반드시 하나님의 축복을 언급한다. 가령 룻이 시어머니를 따라 베들레헴으로 이주해온 후 처음으로 이삭을 주우러 밭에 나갔다가 보아스를 만났을 때 보아스는 서슴없이 룻을 축복한다. 룻기 2:12는 "여호와께서 네가 행한 일에 보답하시기를 원하며 이스라엘의 하나님 여호와께서 그의 날개 아래에 보호를 받으러 온 네게 온전한 상 주시기를 원하노라"고 했다.

해가 저물 무렵 보리를 잔뜩 안고 돌아온 룻에게 나오미는 자초지종을 전해 듣고 "그가 여호와로부터 복 받기를 원하노라 그가 살아 있는 자와 죽은 자에게 은혜 베풀기를 그치지 아니하도다…그 사람은 우리와 가까우니 우리 기업을 무를 자 중의 하나이니라"(룻 2:20)고 했다. 또한 시어머니의 권고에 따라 목욕을 재계한 룻이 타작마당에서 자고 있던 보아스를 찾았을 때 보아스는 감동하여 "내 딸아 여호와께서 네게 복 주시기를 원하노라 네가 가난하건 부하건 젊은 자를 따르지 아니하였으니 네가 베푼 인애가 처음보다 나중이 더하도다"(룻 3:10)라고 위로하고, "여호와께서 살아 계심을 두고 맹세하노니 내가 기업 무를 자의 책임을 네게 이행하리라"(룻 3:13)고 약속했다. 모든 일이 잘되어 룻이 보아스와 결혼해 아들을 낳자, 이제는 이웃 여인들이 찾아와 기뻐하며 모든 영광을 하나님께 돌리기를 "찬송할지로다 여호와께서 오늘 네게 기업 무를 자가 없게 하지 아니하셨도다 이 아이의 이름이 이스라엘 중에 유명하게 되기를 원하노라"(룻 4:14)고 축복했다.

이처럼 룻기는 등장하는 인물들을 통해 끊임없이 하나님의 역사를 찬양하지만 정작 하나님은 나오미나 룻에 대해 침묵하실 뿐이다. 하나님의 뜻을 알려주는 계시뿐만 아니라 선지자들을 통한 말씀 한 마디 전해주지 않으신다. 그런데도 룻기는 나오미나 룻이 미처 보지 못하고, 미처 느끼지 못하고, 미처 이해하지 못하는 역사의 뒤편에서 모든 것을 간섭하시고 모든 것을 조정해가시는 하나님을, 등장인물들의 노래와 찬양 속에서 나타내고 있다. 때문에 나오미나 룻은 하나님의 섭리에 의해 전개되는 미래에 대해서는 전혀 알지 못하면서도 자신에게 주어진 현실 속에서 결코 낙심하지 않고, 자신이 해야 할 일들을 차근차근 실천해가면서 열심히 살아간 것이다.

진정한 믿음이란 자신의 미래를 꼭 알아야 한다는 강박관념에 사로잡혀 하나님께 미래에 대한 청사진을 보여달라고 요구하는 것이 아니다. 오늘 자신에게 주어진 삶을 진실하게 살고, 하루하루, 순간순간을 열심히 살다보면 미래는 자연히 찾아오게 될 것이다. 다시 말하면, 미래에 대한 환상을 보여달라고 간구하는 것이 아니라 '오늘 나에게 주어진 이 순간을 최선을 다해 살아갈 수 있는 열심과 신실함을 달라.'고 기도하는 것이 바람직하다는 것이다. 나는 하나님 앞에 버림받았다는 절망감이나, 하나님은 존재하지 않는다는 불신앙이나, 나는 더 이상 하나님의 자녀가 아니라는 거부감이 밀려오는 바로 그 때가 반드시 신앙을 지켜야 할 때이다. 바로 그때 믿음을 지키고, 하나님을 찾고, 하나님을 부를 수 있는 신앙이야말로 바른 신앙을 가진 사람이라고 룻기는 말하고 있다.

나오미나 룻과 같은 처지에 놓였을 때 과연 우리도 하나님을 나의 왕, 나의 하나님, 나의 구원자라고 고백할 수 있을까? 우리의 믿음은 어떤 믿음일까? 우리에게 나오미나 룻과 같은 믿음이 있는가? 하나님의 뜻을 알려주는 계시 하나 받은 일 없고, 이적이나 신비 체험 한 번 한 일 없고, 미래를 예견할 수 있는 환상 한 번 경험한 일 없다 할지라도 진정한 그리스도인이 될 수 있느냐는 것이다.

그런데 룻기는 나오미를 통해 진정한 그리스도인은 어떤 처지에 놓여 있다 할지라도 믿음을 저버리지 말아야 한다고 말한다. 주어진 현실 속에서 결코 낙담하지 말고, 해야 할 일을 차근차근 실천해가면서 '하나님은 나의 왕이시다.'는 믿음을 잃지 않는 것이 신실한 믿음의 징표이다. 본문은 나오미와 룻을 통해 "이 믿음이 있는가?"를 우리에게 묻고 있다.

제2부

# 하나님이 당신을 주관하게 하십시오

# 모색

**룻기** 2:1-2

나오미의 남편 엘리멜렉의 친족으로 유력한 자가 있으니
그의 이름은 보아스더라
모압 여인 룻이 나오미에게 이르되
원하건대
내가 밭으로 가서 내가 누구에게 은혜를 입으면
그를 따라서 이삭을 줍겠나이다 하니
나오미가 그에게 이르되 내 딸아 갈지어다 하매

## 하나님의 말씀 속에서 길을 찾는 여인

룻기 2장은 모두 세 단락으로 구성되어 있다. 첫째 단락(2:1-7)은 이방 여인 룻과 베들레헴 성읍의 유력한 보아스가 만나는 장면이고, 둘째 단락(2:8-16)은 우연히 만난 룻과 보아스가 대화를 나누는 장면이고, 셋째 단락(2:17-23)은 하루 일을 마치고 돌아온 룻이 시어머니 나오미와 이야기를 주고받는 장면이다.

2장은 이렇게 흘러간다. 보리 추수가 시작될 즈음 베들레헴으로 돌아온 룻은 당시 가난한 사람들의 관습에 따라 이삭을 줍기 위하여 시어머니의 허락을 받고 들로 나간다. 율법에 의하면 추수 때 밭에 떨어진 이삭은 고아와 과부, 나그네와 가난한 사람들 그리고 이방인의 몫이었다. 룻은 가난했고 과부였으며 이방인이었다. 그러므로 룻은 율법이 부여한 권리를 찾기로 한 것이다. 룻이 율법으로부터 부여된 권리를 찾기로 했다는 것은 룻이 자신의 문제를 하나님 말씀에 비추어 풀어나가기로 했다는 뜻이기도 하다.

룻은 나오미의 허락을 받아 밭으로 갔다. 그런데 그 밭은 공교롭게도 시아버지 엘리멜렉의 가까운 친척인 보아스의 밭이었다. 룻은 보아스의 밭에서 추수하는 일꾼들의 뒤를 따라다니며 이삭을 주웠다. 때마침 밭에 나온 보아스는 일꾼들의 인사를 받다가 이삭을 줍는 룻을 발견하고는 "저 젊은 여자는 어느 댁 사람이냐?"고 물었다. 일꾼들을 감독하던 한 머슴이 "저 젊은 여자는 나오미와 함께 모압에서 온 모압 여자인데 이삭을 줍게 해달라고 하도 간청하기에 허락했습니다."라고 대답했다. 보아스는 이미 룻에 대한 소문을 들어 잘 알고 있었기에 룻에게 이르기를 "나는 네가 남편이 세상을 뜬 뒤에도 시어머니를 극진히 모시었고, 고향을 버리고 부모를 떠나 낯선 이 백성에게로 왔다는 말을 들었다. 네가 그렇게도 갸륵하게 행하였는데 하나님께서 갚아주시지 않겠느냐?"고 격려했다(룻 2:11-12). 그리고 그는 자신이 할 수 있는 최대의 호의를 베풀었다.

저녁이 되어 하루 일을 마치고 돌아온 후 룻은 시어머니에게 낮에 있었던 일을 상세히 보고했다. 이 말을 들은 나오미는 룻에게 보아스가 엘리멜렉 가정의 기업을 무를 자라는 사실을 알려주면서 룻이 앞으로 어떤 행동을 취해야 할지를 가르쳐주었다.

이제부터 룻기의 이야기는 박진감 있게 전개된다. 지금까지 어둡고 암울하던 상황이 갑자기 밝은 색조를 띠며, 아직은 드러나지 않았지만 무엇인가 목표를 향해 힘차게 진행되어 갈 것임을 느끼게 한다. 특별히 나오미가 룻으로부터 보아스의 호의를 전해 듣고 보아스가 엘리멜렉 가정의 기업을 무를 자임을 주지시키는 장면은 하나님의 섭리가 무엇을 중심으로, 어떻게 진행될 것인가를 암시해주는 매우 중요한 대목이다.

### 보아스는 어떤 인물인가

룻기 2장을 이해하기 위해서는 먼저 '보아스'가 어떤 인물인가를 살펴보아야 한다.

2장은 보아스에 대한 설명으로부터 시작한다. 2:1에 "나오미의 남편 엘리멜렉의 친족으로 유력한 자가 있으니 그의 이름은 보아스더라"고 했다. 왜 룻기 2장은 보아스란 사람을 소개하는 것으로 시작하는 것일까? 1장이 나오미와 룻이 베들레헴에 도착한 것으로 마무리되었으니 2장 첫 절에서는 나오미와 룻이 자신들의 목숨을 부지하기 위해 이삭을 주우러 나가는 내용이 서술되어야 한층 더 부드럽게 연결된다. 이야기 전개상 보아스에 대한 소개는 그가 등장하는 2:3 다음에 이어지는 것이 훨씬 더 자연스럽다. 그런데도 굳이 2:1이 "나오미의 남편 엘리멜렉의 친족으로 유력한 자가 있으니 그의 이름은 보아스더라"는 말로부터 시작한 후 잠시 중단했다가 다시 룻이 '이삭을 주우러 밭으로 나갔다'는 말로 이어지는 것은 아무래도 자연스럽지가 않다. 왜 저자는 이와 같은 표현방법을 사용한 것일까?

그것은 보아스에 대한 비중을 높이기 위함이다. 보아스가 나오미와 룻의 운명을 바꾸어놓을 인물이란 점에서 그에 대한 관심을 고조시키기 위한 방법인 셈이다. 실제로 보아스는 룻기에서 가장 중요한 인물로 등장하며, 그로 인해 지금까지 우울하고 침울하던 여인들의 비극적인 이야기는 박진감 넘치고 희망찬 이야기로 바뀌게 된다.

보아스를 보라. 나오미가 버림받고 소외된 가난한 사람들을 대표하고, 룻이 여호와의 총회에 들어오지 못할 이방 사람을 대표한다면, 보아스는 이들을 구원할 구원자로 묘사된다.

룻기 2:1은 보아스에 대해 '유력한 자'라고 했다. 유력한 자라는 말은 히브리어로는 '깁보르 하일'(גִּבּוֹר חַיִל)이다. 깁보르 하일이라는 말은 '깁보르'(גִּבּוֹר)라는 말과 '하일'(חַיִל)이라는 두 단어가 합해 이루어졌다. 깁보르라는 말은 룻기 외에서는 주로 '용사'라는 말로 번역되었다.(수 1:14, 6:2, 삿 6:12) 하일이라는 말은 '재물'을 의미하기도 하고(사 8:4), '재산이 많은 사람'을 가리키기도 한다.(신 33:11) 이 두 단어를 합하면 '용감한 부자' 또는 '유력한 부자'라는 뜻이 된다. 보아스를 깁보르 하일 또는 유력한 자라고 불렀다는 것은 그가 재물이 많았을 뿐만 아니라, 도덕적으로도 존경을 받았으며, 그 지방에서 영향력이 큰 인물이었다는 뜻이다.

'보아스'(בֹּעַז)라는 이름을 우리말로 풀이하면 '힘으로'란 뜻으로 구원자가 될 수 있음을 암시한다. 게다가 보아스는 지주로서(2:3), 부자요, 많은 일꾼의 주인(2:9, 15)이었다. 룻기에서 보아스는 하나님과의 언약에 충실한 사람으로 등장하고, 가난한 사람들의 권리를 존중하고, 룻에게 이삭을 줍도록 허락하고(2:8-9), 이방인 과부를 받아들이고(2:10-12), 룻과 자기의 양식을 나누고(2:14-16), 속량의 율법 곧 '고엘의 의무'를 지키려고 노력하는 사람으로서(3:13, 4:4) 백성의 문제를 해결하던 힘 있는 사사를 연상시킨다. 그러므로 보아스는 유력한 자, 즉 깁보르 하일이라는 칭호에 걸맞게 가난한 사람들을 대표하는 룻과 나오미에게 식량을 넉넉히 채워주었다.(2:14-17, 3:15) 또한 보아스는 나오미 가족이 상실했던 땅을 되찾아줄 뿐 아니라(4:9-10), 룻에게 아들을 낳게 해줌으로써(4:13) 가난한 사람들, 사회적으로 보호받지 못하는 과부들, 하나님의 총회에 들어오지 못할 이방 사람들에게 희망을 주고, 그 희망을 구체화시키는 사사로 등장한다.

그러므로 룻기는 2장에서 보아스를 먼저 등장시킴으로써 하나님이 보아스를 통해 어떤 역사를 이루실 것인가를 기대하게 하였다. 하나님은 보아스를 통해 나오미와 룻으로 대표되는 비천한 하나님의 백성들에게 희망을 갖게 하고, 새 역사를 이끌어가시는 하나님의 섭리를 보게 될 것임을 예고한 것이다.

보아스가 등장하기 전까지 룻기에는 희망이 없었다. 1장의 마지막 부분에 희망의 징표가 나타나기는 했지만 나오미나 룻은 이를 간파하지 못했다. 그러나 룻과 보아스의 만남 속에서 나오미는 희망을 발견하고 "그 사람은 우리의 근족이니 우리 기업을 무를 자 중 하나이니라"(룻 2:20)고 자신의 기대를 드러냈다. 하나님의 섭리하심은 보아스와 룻이 미처 깨닫지 못하는 사이에 그들 가운데 가까이 다가오기 시작했고, 그것은 그들 사이에 싹트는 사랑으로 구체화되기 시작했다. 하나님의 섭리는 인간의 눈으로는 감지할 수 없으며 오직 신앙의 눈으로만 간파할 수 있다. 때문에 하나님은 보아스를 통해 하나님의 섭리가 어떻게 전개될 것인가를 룻기 2:1에서 예고하신 것이다. 그렇다면 하나님의 섭리는 어떻게 보아스를 통해 이루어질 것인가?

### 하나님의 말씀 속에서 길을 찾은 룻

룻기 2장에서 가장 빈번히 등장하는 말은 '이삭을 줍는다'는 말이다. 이 표현은 2장에서 무려 열두 번이나 반복된다. 이삭을 줍는다는 말은 히브리어로 '라가트'(לקט)라고 하는데, 이 말은 가난한 사람들과 이방인들의 몫을 가리킨다.(레 19:10) 신명기 24:19-22를 보면 "네가 밭에서 곡식을 벨 때에 그 한 뭇을 밭에 잊어버렸거든 다시 가서 취하지 말고 객과 고아와 과부를 위하여 버려두라 그리하면 네 하나님 여호와께서 네 손으로 하는 범사에 복을 내리시리라… 네가 네 포도원의 포도를 딴 후에 그 남은 것을 다시 따지 말고 객과 고아와 과부를 위하여 남겨두라 너는 애굽 땅에서 종 되었던 것을 기억하라 이러므로 내가 네게 이 일을 행하라 명령하노라"고 했다. 레위기 19:9-10에도 "너희가 너희의 땅에서 곡식을 거둘 때에 너는 밭 모퉁이까지 다 거두지 말고 네 떨어진 이삭도 줍지 말며 네 포도원의 열매를 다 따지 말며 네 포도원에 떨어진 열매도 줍지 말고 가난한 사람과 거류민을 위하여 버려두라 나는 너희의 하나님 여호와이니라"고 기록되어 있다.

하나님은 이처럼 땅을 가지고 수확하는 사람들이 추수 후에 땅에 떨어진 이삭을 거두지 못하게 하심으로 가난한 자들의 생계를 위한 몫을 남겨두셨다. 이렇게 하신 데에는 이유가 있다. 그것은 하나님의 백성들 사이에 가난한 사람이 없게 하기 위해서였다.(신 15:4) 때문에 "네 하나님 여호와께서 네게 주신 땅 어느 성읍에서든지 가난한 형제가 너와 함께 거주하거든 그 가난한 형제에게 네 마음을 완악하게 하지 말며 네 손을 움켜쥐지 말고 반드시 네 손을 그에게 펴서 그에게 필요한 대로 쓸 것을 넉넉히 꾸어주라"(신 15:7-8)고까지 명하신 것이다.

땅 한 평 소유하지 못한 나오미와 룻과 같은 가난한 사람들에게는 이삭을 주워 양식을 구하는 것이 유일한 생계수단이었다. 더욱이 룻은 가난한 과부인 데다가 이방 여인이었기 때문에 누구보다도 가난한 자와 과부와 이방인에게 부여하신 삼중 권리를 행사하기에 충분했다.

그러나 백성들은 이 같은 하나님의 명령을 무시했다. 그들은 하나님의 명령보다 자기 소견에 옳은 대로 행하여(삿 21:25), 율법이 부여한 가난한 사람들의 권리조차 인정하려고 하지 않았다. 룻기 2:2에 의하면 "모압 여인 룻이 나오미에게 이르되 원하건대 내가 밭으로 가서 내가 누구에게 은혜를 입으면 그를 따라서 이삭을 줍겠나이다 하니 나오미가 그에게 이르되 내 딸아 갈지어다"라고 했다. 여기서 룻이 "내가 누구에게 은혜를 입으면 그를 따라서 이삭을 줍겠나이다"라고 했다는 것은 이삭을 줍는 일이 얼마나 힘든 일인가를 반영한다. 당시 밭주인들은 자신들의 소득을 더 높이기 위해 이삭 줍는 이들을 멸시하고, 이삭 줍는 일을 금지했다. 아무리 이삭을 줍는 일이 가난한 사람들의 권리라 할지라도 밭주인들의 배려와 허락이 없이는 그 권리를 주장하기가 쉽지 않았다. 그러기에 룻은 "내가 밭으로 가서 내가 누구에게 은혜를 입으면 그를 따라서 이삭을 줍겠나이다"라고 한 것이다.

룻은 모압 여인으로서 누구보다도 모압에 대한 이스라엘 백성들의 감정이 좋지 않다는 사실을 잘 알고 있었다. 그런데도 룻이 이스라엘 사람들에게조차 힘든 이삭 줍기를 자청하고 나선 것은 그 일이 하나님께서 그들을 위해 부여하신 권리요, 가난한 자들의 유일한 생계수단이었기 때문이다. 율법에 명시된바 가난한 자들에게 부여된 몫이었기에 룻은 적극적으로 자신의 몫을 찾아나서기로 한 것이다.

어떤 이들은 이와 같은 룻의 각오에 대해 '그냥 이삭을 주우러 가면 되지 그것이 무슨 의미가 있다는 것일까? 순전히 자신의 선택과 결정에 달린 것 아닌가?'라는 주장을 하기도 한다. 그러나 그 당시 모압과 이스라엘 사람들 간에 좋은 감정이 전혀 없었다는 사실을 알아야 한다. 오죽했으면 신명기 23:3에서 "모압 사람은 영원히 여호와의 총회에 들어오지 못하리니"라고 했을까? 룻은 이방 여인으로서 이스라엘 사람들의 감정을 잘 알고 있었기에 이삭을 주우러 가겠다고 나서기가 쉽지 않았을 것이다. 육체적인 고통은 말할 것도 없거니와 이스라엘 사람들로부터 받을 온갖 멸시와 냉대까지도 감수해야 했기 때문이다.

그런데도 룻이 냉대와 멸시를 감수하고 이삭을 주우러 나가겠다고 결심한 데에는 이유가 있다. 일차적으로는 더 이상 살아갈 길이 막막했기 때문이고, 이차적으로는 자신들의 문제를 하나님의 말씀에서 찾으려 했기 때문이다. 바로 이것이 룻기가 담고 있는 중요한 내용이다. 나오미와 룻은 자신들의 비참한 현실에서 더 이상 희망을 가질 수 없었지만 하나님이 율법에 정하신 권리를 찾아내어 그것을 행사함으로써 자신들의 몫을 찾으려고 했다. 지금까지는 나오미와 룻도 사사시대의 영향을 받아 자기들의 소견에 옳은 대로 행하였을지 모른다. 그러나 모압에서 돌아온 이후부터 그들은 자신들의 소견에 옳은 대로 행하는 것이 아니라, 하나님의 말씀과 언약에서 자기의 문제를 찾고 해결하려고 한 것이다.

그뿐만이 아니다. 보아스가 룻에 대해 "네 남편이 죽은 후로 네가 시어머니에게 행한 모든 것과 네 부모와 고국을 떠나 전에 알지 못하던 백성에게로 온 일이 내게 분명히 알려졌느니라"(룻 2:11)고 칭찬한 말 속에는 이미 룻의 결단과 그의 행위가 믿음의 조상 아브라함이 "본토 친척 아비 집을 떠나 하나님이 지시하시는 땅"(창 12:1)으로 갔던 일에 견줄 수 있는 결단임이 드러나 있다. 룻의 결심이 돋보이는 것은 자기의 소견에 옳은 대로 행하려고 한 것보다, 하나님의 말씀에 근거하여 하나님의 말씀 속에서 자신의 길을 찾으려 했기 때문이다.

### 말씀에 충실한 룻

어떻게 이방 여인 룻이 하나님의 말씀 속에 담긴 자기 권리에 대한 의식을 갖게 된 것일까? 이러한 의문은 곧 룻과 나오미의 대화에서 풀린다. 룻기 1:16-17에 의하면 나오미가 룻에게 '따라오지 말라'고 만류하자 룻은 "내게 어머니를 떠나며 어머니를 따르지 말고 돌아가라 강권하지 마옵소서…어머니의 백성이 나의 백성이 되고 어머니의 하나님이 나의 하나님이 되시리니 어머니께서 죽으시는 곳에서 나도 죽어 거기 묻힐 것이라 만일 내가 죽는 일 외에 어머니를 떠나면 여호와께서 내게 벌을 내리시고 더 내리시기를 원하나이다"라고 했다. 룻은 "어머니의 백성이 나의 백성이 되고 어머니의 하나님이 나의 하나님"이 되신다고 했을 뿐만 아니라, "어머니께서 죽으시는 곳에서 나도 죽어 거기 묻힐 것이라"고 했다. 룻은 자신의 선택과 결단에 대해 죽음까지 각오한 것이다. 이러한 결단과 믿음이야말로 자신의 문제를 하나님의 말씀 속에서 찾으려는 결심으로 볼 수 있다.

이러한 룻의 믿음에 대해 보아스는 "여호와께서 네가 행한 일에 보답하시기를 원하며 이스라엘의 하나님 여호와께서 그의 날개 아래에 보호를 받으러 온 네게 온전한 상 주시기를 원하노라"(룻 2:12)고 칭찬했다. 이삭을 줍는 일이 자신들에게는 가장 빈약한 하나님의 약속이었음에도 불구하고, 나오미와 룻은 하나님의 그 빈약한 언약 속에서 자신들의 문제를 풀어가려 한 것이다. 그들은 하나님의 말씀에 의지하고, 하나님의 말씀에 생명을 걸었다. 그것이 바로 나오미와 룻을 복되게 한 것이다.

이러한 룻의 결단은 자기 시대의 이스라엘 백성들에게도 큰 위로와 희망이 되었을 것이다. 나라를 잃고, 성전이 폐허가 되고, 이방 땅에 붙잡혀 가서 70년 동안 포로생활을 하다가 돌아온 이스라엘 백성들은 살 길이 막막했고, 생명을 부지하기조차 힘이 들었다. 그때 룻과 나오미의 이야기는 생명의 빛으로 다가왔을 것이다. 하나님의 말씀 속에서 길을 찾은 여인들. 모세의 율법에 기록된 하찮은 언약, 가난한 자와 과부와 이방인에게 부여한 율법의 작은 권리, 그것에 생명을 걸고 목숨을 걸었던 두 여인의 이야기를 통해 당시의 이스라엘 백성들 역시 희망을 찾은 것이다. 이 말씀은 우리에게도 교훈이 된다. 우리는 무엇에 생명을 걸고, 무엇에 목숨을 거는가? 진정 자신의 소견보다 하나님의 말씀에 생명을 거는가? 솔직히 말해서 우리 역시 '하나님은 왜 나를 돕지 않느냐?'고 불평한 적이 많았다. 때로는 스스로 하나님에 대하여 '지극히 무능력하신 하나님'이라고 부정하기도 했다. 하나님은 정말 그런 분이실까?

도스토예프스키(Dostoevskii)의 작품 『카라마조프 가의 형제들』에 보면 제5편 〈긍정과 부정〉의 제4장 〈반역〉에서 이반 카라마조프가 하나님의 존재에 대해 심각하게 고민하는 장면이 나온다. 이반은 동생 알료사에게 "정말 하나님이 살아 계시는지, 정말 하나님은 존재하시는지 내게 가르쳐 달라."고 말한다. 자신은 "하나님 그 자체를 부정하고 싶은 것이 아니라, 하나님이 창조하신 이 세계를 부정하고 싶다."고 한다. 하나님이 살아계시다면 어떻게 이렇게 끔찍한 일들이 일어날 수 있느냐는 것이다. 예수님께서 친히 '하나님 나라의 천국백성'이라고까지 칭하신 어린아이들이 죄 없이, 까닭 없이, 부모들이 지켜보는 앞에서 참혹하게 죽임을 당하도록 내버려두시는 하나님이라면 그런 하나님을 인정할 수 없다고 말한다.

이와 같은 질문은 성경에서도 제기되었다. 욥기의 저자는 우스 땅에 사는 욥이라는 사람을 등장시켜, 그가 하루아침에 부귀와 가정과 건강을 잃었는데 그렇게 된 그 이유가 무엇이냐는 질문을 던진다. '하나님은 사랑이시며 전지전능하신 분이시라면 어째서 의로운 사람이 고난받게 하시는가?'라는 것이다. 이에 대해 욥이 얻은 결론은 하나님은 절대 주권자이시므로 그가 어떤 일을 행하시든지 인간은 그 일을 불평하거나 원망할 수 없고 오히려 찬미해야 한다는 것이다. 욥은 "하나님은 선하시고 전지전능하신 분이시다! 그러므로 그분이 행하시는 일 중에는 때로는 인간이 납득할 수 없는 일들도 많다. 그래도 그분은 인간이 신뢰해야 할 분이시다! 모든 현상이 뒤바뀌는 것처럼 암담하게 보일지라도 인간은 하나님을 신뢰해야 할 의무가 있다."고 말한다. 이러한 사실을 깨달은 욥은 하나님에 대한 인식을 높여 곤경 가운데서도 하나님의 선하심과 권능을 신뢰하고 하나님을 찬양하기에 이른다.

룻은 어떠한가? 이방 여인이요, 가난한 자요, 과부인 룻은 그 당시 가장 하찮은 존재요, 비참하고 가련하기 짝이 없는 존재였다. 그러나 그는 낙심하지 않았다. 절망하지도 않았다. 자신에게 주어진 운명을 탓하지도 않았고, 불평하지도 않았다. 시어머니를 사랑하는 마음과 하나님을 신뢰하는 믿음으로 자기의 운명을 하나님께 맡겼다. 그리고 자신에게 주어진 가장 시급한 일부터 찾아내어 그것을 해결하는데 충실했다. 신앙의 빛으로 자신의 삶을 비추어 그곳에서 하나님의 작은 약속들을 찾아낸 것이다.

남의 밭에 떨어진 이삭을 줍는 하찮은 일이었지만 룻은 그 작은 일에도 하나님의 약속과 하나님의 섭리가 담겨 있음을 알고 기꺼이 그 일에 충실했다. 룻은 시어머니에게 "내가 밭으로 가서 내가 누구에게 은혜를 입으면 그를 따라서 이삭을 줍겠나이다"(룻 2:2)라고 말했다. 룻은 그 일이 가장 보잘것없는 것처럼 보였지만 하나님의 약속이고, 언약이 담겨 있기에 그 일을 소중하게 여긴 것이다.

그런데 당시 이스라엘 백성들에게는 보다 더 확실하고 구체적인 약속이 있었다. 선지자 예레미야가 "보라 날이 이르리니 내가 이스라엘 집과 유다 집에 새 언약을 맺으리라"(렘 31:31)고 한 그 약속이다. 예레미야 말고도 이스라엘 백성들에게 주시는 하나님의 언약은 수없이 많다. 그럼에도 그 언약에 얼마나 충실했는가?

하나님의 도우심을 받는 사람은 하나님의 말씀을 소중히 여기는 자이다. 하나님의 은혜라면 부스러기라도 놓치지 않는 사람(요 6:12-13), 지극히 작은 일에도 충성하는 사람(마 25:21, 23)이다. 룻은 바로 그런 이유 때문에 하나님의 총회에 들어왔고, 하나님의 백성의 일원이 되었으며, 하나님의 구속 역사에 참여하게 되었다.

그렇다면 우리는 어떠한가? 하나님의 말씀에 생명을 걸고 있는가? 룻만큼 하나님의 말씀을 소중히 여기고 있는가? 룻은 시어머니의 믿음을 보고 하나님에 대한 신뢰를 굽히지 않았다. 하나님이 자신에게 정하신 권리요, 몫이라면 이삭을 줍는 작은 일이라 할지라도 최선을 다했다. 그것이 룻을 룻 되게 하고, 나오미를 나오미 되게 한 것이다.

우리는 하나님의 언약을 얼마나 소중히 여기는가? 그간 하나님의 말씀을 소중히 여기지 못했고, 그것을 목숨 걸고 지켜내지 못했다면 나오미와 룻이 주는 교훈은 매우 큰 것이다. 우리 역시 하나님의 하찮은 언약이라도 소중히 여기고, 단 한마디 말씀이라도 목숨 걸고 지켜냄으로써 결국 하나님의 보호와 상을 받아야 할 사람들이기 때문이다.

# 배후

**룻기** 2:3-16

룻이 가서 베는 자를 따라 밭에서 이삭을 줍는데
우연히 엘리멜렉의 친족 보아스에게 속한 밭에 이르렀더라
마침 보아스가 베들레헴에서부터 와서 베는 자들에게 이르되
여호와께서 너희와 함께 하시기를 원하노라 하니
그들이 대답하되
여호와께서 당신에게 복 주시기를 원하나이다 하니라…
보아스가 룻에게 이르되
내 딸아 들으라 이삭을 주우러 다른 밭으로 가지 말며
여기서 떠나지 말고 나의 소녀들과 함께 있으라…
룻이 엎드려 얼굴을 땅에 대고 절하며 그에게 이르되
나는 이방 여인이거늘
당신이 어찌하여 내게 은혜를 베푸시며
나를 돌보시나이까 하니…

## 배후에서 역사하시는 하나님

룻기 2:3에는 대단히 중요한 단어가 나온다. 그것은 '우연히'라는 단어이다. "룻이 가서 베는 자를 따라 밭에서 이삭을 줍는데 '우연히' 엘리멜렉의 친족 보아스에게 속한 밭에 이르렀더라." 이 말씀에 의하면 룻이 보아스의 밭에서 이삭을 줍게 된 것은 우연한 일이었다. 그런데 그 일이 과연 우연히 일어난 것이었을까? 그곳에서 보아스를 만나고, 보아스로부터 기대하던 것 이상으로 도움을 받고, 두 사람 사이에 사랑이 싹트고, 잃었던 땅을 다시 찾고, 다윗의 할아버지 오벳을 낳게 된 것이 모두 단지 우연히 일어난 일이었을까?

물론 룻은 이삭을 줍기 위해 간 보아스의 밭에서 일어날 일들에 대해서는 전혀 알지 못하는 상태였다. 그렇다고 그 일이 우연히 일어난 것이었을까? 성경의 입장은 그렇지 않다. 그것이 룻이나 보아스의 입장에서는 우연한 일이었을지라도 하나님의 입장에서는 룻을 위해 미리 준비하고 계획하신 일이었다. 성서는 이를 용의주도하고, 주도면밀하게 인간의 역사에 개입하시는 하나님의 놀라운 섭리로 보고 있다.

### '우연히'라는 단어의 뜻

룻기의 저자는 어째서 '우연히'라는 표현을 썼을까? 그것은 앞으로 발생되는 모든 일이 인간의 계획과 노력에 의한 것이 아니라는 사실을 밝혀주기 위한 것이다. 다시 말해, 룻이 보아스의 밭에 이르게 된 것은 룻의 의도적인 접근이 아니라는 것이다. 보아스가 룻을 만난 것도, 그가 룻에게 관심을 갖게 된 것도, 고엘의 의무를 감당하고, 두 사람 사이에 오벳을 갖게 된 것 모두 그들의 계획이나 노력에 의해서가 아니라, 하나님의 뜻에 의해 이루어진 하나님의 섭리라는 뜻이다. 이러한 생각은 계속 이어지는 내용 속에도 잘 담겨 있다.

우선 룻과 보아스가 나누는 대화에 주목해보자. 룻은 보아스에게 선대를 받게 되자 "나는 이방 여인이거늘 당신이 어찌하여 내게 은혜를 베푸시며 나를 돌보시나이까"(룻 2:10)라고 물었다. 그때 보아스는 룻이 한 일이 신앙적인 행위였음을 세 가지 측면에서 확인하고 칭찬한다.(룻 2:11-12)

첫째, 룻이 남편이 죽은 뒤에도 시어머니에게 행한 모든 일을 칭찬했다. 아마도 보아스는 룻이 '어머니께서 가시는 곳에 나도 가고, 어머니께서 유숙하는 곳에서 나도 유숙하겠다.'고 한 것을 누군가로부터 전해 들었던 것 같다. 그러기에 보아스는 "네 남편이 죽은 후로 네가 시어머니에게 행한 모든 것"(룻 2:11)이라고 구체적으로 지적하며 칭찬했다.

둘째, 룻이 "부모와 고국을 떠난 일"(룻 2:11)을 칭찬했다. 룻이 부모와 고국을 떠나온 일은 이스라엘의 조상 아브라함이 본토 친척 아비 집을 떠나 하나님이 지시하신 땅으로 이주한 것과 같이 아브라함의 신앙에 버금가는 훌륭한 결단이라는 것이다.

셋째, 룻이 "전에 알지 못하던 백성에게로 온 일"(룻 2:11)을 칭찬했다. 전에 알지 못하던 백성에게로 왔다는 것은 룻이 시어머니에게

"어머니의 백성이 나의 백성이 되고 어머니의 하나님이 나의 하나님이 되시리니…만일 내가 죽는 일 외에 어머니를 떠나면 여호와께서 내게 벌을 내리시고 더 내리시기를 원하나이다"(룻 1:16-17)라고 다짐했던 것을 가리킨다. 그 다짐을 결국 하나님의 날개 아래 보호를 받으러 온 것으로 받아들이고 하나님이 그를 축복하실 것이라고 칭찬했다.

이 세 가지 측면에서 보아스는 룻의 결심이 하나님의 백성을 애굽에서 해방시킨 하나님께 대한 믿음의 표현이라고 해석했다.(출 19:4, 신 32:11, 시 17:6, 57:1)

또한 보아스는 룻이 시어머니에게 행한 모든 것 외에(룻 2:11), "부모와 고국을 떠나 전에 알지 못하던 백성에게로 온 일"과 "이스라엘의 하나님 여호와께서 그의 날개 아래 보호를 받으러 온 네게"(룻 2:11-12)라는 표현을 통해, 그가 다윗의 조상이 될 수 있었던 것은 '하나님의 은혜'(헤세드) 때문임을 밝혔다. 모든 일은 룻의 행위가 아니라, 룻의 믿음 때문에 발생했다는 것이다. 행위가 믿음을 낳은 것이 아니라, 믿음이 그러한 행위를 낳았다는 뜻이다.

보아스가 룻을 선대한 것은 룻이 단순히 시어머니에게 효성을 다했기 때문이 아니라, 룻이 행한 일련의 행동들이 바로 신앙의 행위이며, 그 신앙의 행동으로 인해 룻은 하나님의 백성이 되고, 아브라함의 딸이 되고, 하나님의 날개 아래 보호를 받게 되었기 때문이라는 것이다. 그리고 이어서 말하길 '하나님이 어찌 네 행한 일을 보응하지 않으시겠느냐?'고 축복했다. 하나님의 날개 아래 보호받겠다고 찾아온 룻을 하나님이 다스리시고, 하나님이 섭리하시고, 하나님이 인도하신다는 것이다.

### 룻기는 효행을 가르치는 책이 아니다

룻기는 효행을 가르치는 책이 아니다. 그런데도 많은 사람들이 룻기를 효행을 가르치는 책으로 오해한다. 심지어 혹자는 룻의 효행과 희생정신을 높이기 위하여 그의 손윗동서였던 오르바를 형편없이 깎아내리기도 한다. 룻은 어려움 속에서도 시어머니를 떠나지 아니했으므로 효성이 지극한 사람이고, 오르바는 시어머니 곁을 떠남으로 불효를 저지른 사람이라고 비판한다. 마치 고려시대의 악습인 고려장을 연상시키는 말로 오르바를 매도한다.

이러한 비판은 얼마나 무지한 것인가? 앞에서 살펴본 바와 같이 룻기의 어느 구절에서도 오르바를 부정적으로 표현한 구절이 없다. 사람들은 오르바가 나오미의 곁을 떠난 것을 두고 큰 불효를 저지른 것처럼 비난하지만 실상 성경에서는 그러한 근거를 전혀 찾아볼 수가 없다. 오히려 나오미는 오르바가 자신과 자신의 아들들에게 선대했다고 말한다. 룻기 1:8-9은 "나오미가 두 며느리에게 이르되 너희는 각기 너희 어머니의 집으로 돌아가라 너희가 죽은 자들과 나를 선대한 것 같이 여호와께서 너희를 선대하시기를 원하며 여호와께서 너희에게 허락하사 각기 남편의 집에서 위로를 받게 하시기를 원하노라 하고 그들에게 입 맞추매 그들이 소리를 높여 울며"라고 했다.

오르바는 자신이 먼저 시어머니의 곁을 떠나겠다고 하지도 않았다. 오히려 나오미가 “각기 너희 어머니의 집으로 돌아가라”고 했고, “너희가 죽은 자들과 나를 선대한 것 같이 여호와께서 너희를 선대하시기를 원한다”고 축복했다. 그런데도 오르바는 소리 높여 울며 “아니니이다 우리는 어머니와 함께 어머니의 백성에게로 돌아가겠나이다”(룻 1:10)라며 한사코 돌아가라고 권하는 시어머니에게 매달렸던 것이다.

이런 오르바를 어떻게 부모를 공경하지 못한 인물이라고 비판할 수 있는가? 성경에 기록되지도 않은 말을, 어찌 꾸며서 판단할 수 있단 말인가? 나오미가 이방 땅에서 과부로 혼자 살아가기 싫어서 이스라엘로 돌아가는 것이나, 오르바가 이방 땅인 이스라엘에서 과부로 살아가기 싫어 모압으로 돌아가는 것이나 모두 같은 이치이다. 오르바가 취한 행동은 나오미의 행동과 조금도 다를 것이 없다. 과연 남편 없는 과부가 어떻게 자신과 같은 처지인 시어머니를 이토록 극진하게 모실 수 있을까? 오르바 정도로 시부모를 모시는 이가 과연 얼마나 될까?

그럼에도 불구하고 룻의 행동이 오르바보다 돋보이는 것은 시어머니에 대한 공경의 문제가 아니라, 룻이 이방 땅에서 과부로 살아가기 어려운 환경에도 불구하고 위험을 무릅쓰고 신앙적인 결단을 했기 때문이다. 룻이 행한 일련의 행동은 신앙의 행위였다.

많은 이들의 잘못된 성경 이해 가운데 하나는 성경을 윤리나 도덕적인 이야기로 바꾸어 해석하려는 것이다. 예를 들어 마가복음 10:

17-22에 나오는 부자 청년에 관한 이야기가 그렇다. 영생을 구하러 온 부자 청년이 예수님께 "선한 선생님이여 내가 무엇을 하여야 영생을 얻으리이까"(막 10:17)라고 묻자, 예수님은 "네가 어찌하여 나를 선하다 일컫느냐 하나님 한 분 외에는 선한 이가 없느니라"(막 10:18)고 하시고, "네가 계명을 아나니 살인하지 말라, 간음하지 말라, 도둑질하지 말라, 거짓 증언 하지 말라, 속여 빼앗지 말라, 네 부모를 공경하라 하였느니라"(막 10:19)고 하셨다. 그러자 부자 청년은 "이것은 내가 어려서부터 다 지켰나이다"(막 10:20)라고 대답했다. 그런데 뜻밖에도 예수님은 "네게 아직도 한 가지 부족한 것이 있으니 가서 네게 있는 것을 다 팔아 가난한 자들에게 주라… 그리고 와서 나를 따르라"(막 10:21)고 하셨다.

이에 대해 많은 사람들이 예수께서 말씀하신 '한 가지 부족한 것'에 의문을 갖고 해석하기를 예수께서 여섯 가지 계명을 열거하시면서 다섯 번째 계명인 "네 부모를 공경하라"(막 10:19)를 맨 나중에 말씀하신 것은 부자 청년이 하나님을 공경한다는 이유로 부모를 공경하지 않았기 때문이라고 주장한다. 부자 청년이 "어려서부터 다 지켰나이다"고 했으나 사실은 제대로 지키지 못했을 것이라는 주장이다. 또 어떤 이들은 예수께서 "네게 아직도 한 가지 부족한 것이 있으니 가서 네게 있는 것을 다 팔아 가난한 자들에게 주라… 그리고 와서 나를 따르라"(막 10:21)고 하신 말씀에 대해 부자 청년이 재산을 다 팔지 않았다거나, 가난한 자들에게 재산을 주지 못했다거나, 예수님을 따르라 하신 말씀을 지킬 수 없어서 "슬픈 기색을 띠고 근심하며 가니라"(막10:22)고 해석하기도 한다. 예수께서는 분명히 '어려서부터 다 지켰다'고 장담하는 청년에게 '그래도 한 가지 부족한 것이 있다'고 하셨음에도 불구하고 이에 대해 세 가지로 주장한다는 것은 예수님의 뜻을 전혀 이해하지 못한 것이다.

생각해보라. 만일 그 부자 청년에게 '한 가지 부족한 것'이 '부모 공경'이었다면, 그 청년이 부모를 공경했을 경우 영생을 얻게 된다는 것인가? 이에 대해 성경은 무엇이라고 말하는가? 로마서 3:20을 보면 "율법으로는 죄를 깨달음이니라"고 했다. 만일 부자 청년이 그에게 한 가지 부족하다고 한 부모 공경을 성실히 이행했다 하더라도 그것으로는 자신이 죄인임을 발견할 뿐이지, 영생을 얻을 수는 없다.

문제는 부자 청년뿐만 아니라 많은 사람들이 이와 같은 성경의 모든 이야기를 윤리나 도덕적인 문제로 해석하려 한다는 데 있다. 요한복음 17:3은 분명히 "영생은 곧 유일하신 참 하나님과 그가 보내신 자 예수 그리스도를 아는 것이니이다"라고 했다. 요한일서 5:10-12는 "하나님의 아들을 믿는 자는 자기 안에 증거가 있고 하나님을 믿지 아니하는 자는 하나님을 거짓말하는 자로 만드나니 이는 하나님께서 그 아들에 대하여 증언하신 증거를 믿지 아니하였음이라 또 증거는 이것이니 하나님이 우리에게 영생을 주신 것과 이 생명이 그의 아들 안에 있는 그것이니라 아들이 있는 자에게는 생명이 있고 하나님의 아들이 없는 자에게는 생명이 없느니라"고 했다. 그런데도 어떻게 한 가지 부족한 것이 '부모를 공경하지 못한 것'이라고 할 수 있겠는가?

## 하나님의 간섭과 보호

오르바와 룻의 이야기도 마찬가지다. 룻기가 말하고자 하는 것은 오르바와 룻 중에 누가 더 시어머니를 공경했느냐 하는 문제가 아니다. 아무리 오르바와 룻이 시어머니를 잘 공경했다 하더라도 그들이 하나님의 백성이 되기를 포기했다면 하나님의 보호를 받을 수 없었을 것이다. 그러기에 나오미는 룻에게 "네 동서는 그의 백성과 그의 신들에게로 돌아가나니 너도 너의 동서를 따라 돌아가라"(룻 1:15)고 했다. 하지만 룻은 완강히 거부하며 "내게 어머니를 떠나며 어머니를 따르지 말고 돌아가라 강권하지 마옵소서 어머니께서 가시는 곳에 나도 가고 어머니께서 머무시는 곳에서 나도 머물겠다이나 어머니의 백성이 나의 백성이 되고 어머니의 하나님이 나의 하나님이 되시리니"(룻 1:16)라고 고백했다. 이것이 오르바와 룻의 차이이다.

룻의 행위가 인정받은 것은 부모 공경과 같은 윤리적인 측면에서가 아니라 신앙적인 행위 때문이다. '어머니의 백성이 나의 백성이 되고, 어머니의 하나님이 나의 하나님이 되신다'(룻 1:16)는 신앙의 결단 때문이라는 것이다. 이러한 룻이었기에 하나님이 그의 길을 인도하신 것이다. 룻은 하나님의 말씀인 언약에서 그 길을 찾았고, 하나님은 자신의 언약과 보호 속에 길을 찾는 룻의 배후에서 역사하셨다. 보아스의 표현대로 "여호와께서 네가 행한 일에 보답하시기를 원하며 이스라엘의 하나님 여호와께서 그의 날개 아래에 보호를 받으러 온 네게 온전한 상 주시기를 원하노라"(룻 2:12)고 한 그 축복이 이루어진 것이다. 바로 룻기는 '우연히'라는 단어를 통해 배후에서 역사하시는 하나님의 손길을 전하고 있다.

우리도 마찬가지다. 주일에 교회에 나와 예배드리게 된 것도 나의 뜻이나 나의 의도와는 전혀 관계가 없다는 것을 알아야 한다. 남편이 아내를 만나고, 부모가 자식을 만나고, 스승이 제자를 만나는 일련의 모든 일은 결코 나의 계획과 노력에 의해 발생되는 것이 아니다. 이는 모두 보이지 않는 하나님의 손길, 하나님의 섭리로 이루어진다. 모든 일은 용의주도하시고, 주도면밀하신 하나님의 계획과 뜻에 의해 발생되고 진행될 뿐이다. 때문에 하나님은 영광받으실 분이며, 찬양받으실 분이다.

제2차 세계대전이 끝나고 얼마 되지 않았을 때의 일이다. 한 부인이 식료품 가게에 와서 성탄절 만찬에 아이들을 먹일 수 있을 만큼만 식료품을 달라고 했다. 주인은 그 부인에게 "돈이 얼마나 있습니까?" 하고 물었다. 부인은 "남편이 전사하여 기도밖에는 정말 아무것도 드릴 것이 없습니다."라고 대답했다. 예수님을 믿지 않는 가게 주인은 부인의 딱한 사정에 동정하기는커녕 빈정대는 투로 말했다.

"당신의 기도를 종이에 써서 주시오. 그러면 그 무게만큼 식료품을 주겠소."

그러자 부인은 주머니에서 접힌 종이 한 장을 꺼내 주인에게 건네주면서 말했다.

"지난밤 우리 애가 아파 병간호를 하며 적어둔 기도문입니다."

주인은 그 기도문을 읽어보지도 않은 채 구식 저울에 올려놓았다.

그리고 혼잣말로 중얼거렸다.

"자, 이 기도가 얼마어치의 식료품 무게가 되는지 봅시다."

그런데 주인이 양팔저울에 올린 기도문 반대편에 빵 한 덩어리를 놓았는데 놀랍게도 추는 꼼짝을 하지 않았다. 다른 식료품을 더 올려놓았는데도 저울이 움직이지 않자 주인은 당황하여 말했다.

"더 이상 저울에 올려놓을 수 없으니 당신이 봉지에 담아 가시오. 나는 바빠서 도와줄 수 없소!"

부인은 주체할 수 없이 흐르는 눈물을 손등으로 닦으면서 기쁜 마음으로 식품을 봉지에 담아 돌아갔다.

얼마 후 가게 주인은 저울이 고장 난 것을 알게 되었다. 그 후 몇 년 동안 주인은 이런 생각에 잠겼다고 한다.

'그때 그 일이 정말 우연의 일치였을까? 왜 그 부인은 미리 기도문을 써 가지고 온 것일까? 그 부인은 하필이면 저울이 고장 난 바로 그때 우리 가게에 찾아온 것일까?'

주인은 그 부인이 건네준 종이쪽지에 적힌 기도문을 읽을 때마다 감탄할 수밖에 없었다. 그 종이에는 이렇게 적혀 있었다.

"주여, 오늘날 우리에게 일용할 양식을 주옵소서."

하나님의 섭리는 이처럼 우연하게 보이는 일들을 통해서 역사하신다. 인간이 볼 때는 우연으로 보이지만 하나님은 이와 같이 평범한 일상생활 속에서 하나님의 뜻을 나타내시는 것이다.

그리스도인들은 하나님이 절대 주권자라는 사실을 잊지 말아야 한다. 하나님은 우주의 모든 만물을 다스리시고, 섭리하시는 분이다.

이 세상에는 결코 우연이란 없다. 하나님의 지배와 하나님의 통치, 하나님의 섭리만 있을 뿐이다. 그런데도 왜 우리는 하나님의 지배를 받지 않으려고 하는가? 왜 우리는 하나님의 명령과 통치에 순종하지 않으려고 하는가? 왜 하나님을 왕처럼 섬기지 못하고 내 소견에 옳은 대로만 행하려고 하는가? 참으로 안타깝고 답답한 일이다. 하나님의 지배와 인도하심을 받는 자는 실패하지도, 절망하지 않음에도 불구하고 그분의 통치와 지배 속에서 벗어나려고만 하는 내 자신이 안타까울 뿐이다.

# 기대

**룻기** 2:17-23

시어머니가 그에게 이르되 오늘 어디서 주웠느냐
어디서 일을 하였느냐
너를 돌본 자에게 복이 있기를 원하노라 하니
룻이 누구에게서 일했는지를 시어머니에게 알게 하여 이르되
오늘 일하게 한 사람의 이름은 보아스니이다 하는지라
나오미가 자기 며느리에게 이르되
그가 여호와로부터 복 받기를 원하노라
그가 살아 있는 자와 죽은 자에게 은혜 베풀기를
그치지 아니하도다 하고
나오미가 또 그에게 이르되
그 사람은 우리와 가까우니
우리 기업을 무를 자 중의 하나이니라 하니라…

## “그 사람은 우리 기업을 무를 자 중의 하나이니라”

룻기 2:17-23은 룻이 하루 일을 마치고 돌아와서 나오미에게 낮 동안 있었던 일들을 보고하는 내용이다. 먼저 룻은 자신이 보아스에게서 입은 호의에 대해 상세히 보고한다.(2:17-19) 그러자 나오미는 보아스가 자신의 남편 엘리멜렉의 가까운 친족으로서 그들의 기업을 무를 자임을 알리며 기뻐한다.(2:20) 그리고 룻이 그에게 취할 행동에 대해 알려준다.(2:21-23) 본문은 보아스와 룻의 만남이 앞으로 어떻게 전개될 것인지를 암시해준다. 무엇보다 보아스가 바로 엘리멜렉 가정의 기업 무를 자임을 주지시켰다는 것은 하나님의 섭리가 무엇을 중심으로 어떻게 진행될 것인가를 보여주는 아주 중요한 대목이다.

여기서 룻기를 이해하는 데 가장 중요한 단어는 ‘기업 무를 자’이다. 기업 무를 자라는 표현은 룻기 2:20에 처음 나온다. 그러나 3장에서는 일곱 번이나 반복되고, 4장에서는 그 두 배인 열네 번이나 나온다. 룻기는 ‘기업 무를 자에 대한 이야기’라 해도 과언이 아닐 만큼 룻기에서 이 이야기는 매우 흥미롭게 전개된다. 1장은 기업 무를 자가 나타나야 할 상황을 그리고 있고, 2장에서는 기업 무를 자로서 보아스가 등장하고, 3장에서는 룻이 보아스에게 기업 무를 자에 대한 의무를 요청하며, 4장에서는 본격적으로 기업 무를 자의 활동이 전개된다. 이런 의미에서 기업 무를 자는 룻기를 풀어가는 핵심 단어이다. 침울하고 무거운 분위기에서 출발한 룻기가 활기에 찬 희망의 분위기로 변환되는 것도 바로 이 기업 무를 자에 대한 희망이 엿보이면서부터이고, 나오미와 룻의 계략을 부정한 눈으로 비난할 수 없는 이유도 기업 무를 자에 대한 규정 때문이다.

그렇다면 기업 무를 자란 어떤 사람을 가리키고, 그 사람은 어떤 역할과 어떤 의무를 지고 있는 것일까?

### 속량의 율법과 레비라토 율법

'기업 무를 자'라는 말은 히브리어로 '고엘'(גֹּאֵל)이라고 한다. 이 말은 '되찾다, 무르다, 구속하다'는 뜻을 갖는데, 자기 형제나 가까운 친척이 어려움에 처했을 때 그것을 해결해주는 '구속자' 또는 '보호자'라는 의미로 쓰였다. 기업 무를 자 곧 고엘은 곤경에 처한 친척을 구속해주거나 보호해줄 의무를 지닌 사람이다.

율법에서는 기업 무를 자, 고엘의 역할과 의무에 대해 다양하게 규정하고 있다. 이 의무와 역할은 크게 둘로 나뉜다. 하나는 땅에 관한 책임이고, 다른 하나는 신분 회복에 관한 책임이다.

땅에 관한 책임은 친족 중 한 사람이 가난해서 자기 땅을 팔 수밖에 없는 상황에 놓였을 때, 그의 가장 가까운 친척이 대신하여 그것을 사주어야 한다는 규정이다.(레 25:23-25) 만일 친족 중에 기업 무를 자(고엘)가 나타나지 아니하여 팔린 땅을 회복할 수 없을 때는 제50년이 되는 희년의 때에 무상으로 돌려받을 수 있었다. 때문에 땅값은 희년이 얼마나 남았느냐에 따라 그 값이 달랐다.

이스라엘 고대 사회에서는 땅을 마음대로 사고 팔 수 없도록 제한되어 있었는데 이것은 땅 문제가 인간 생존의 절대적인 가치였기 때문이다. 앨빈 토플러(Alvin Toffler)가 『제3의 물결』에서 제1의 물결인 농경사회에서는 토지가 가장 중요한 재산이었다고 언급한 바와 같이 당시 고대인들에게 땅의 가치는 절대적이었다. 땅은 유일한 생산 수단이요, 생존 터전으로서 그것을 잃는다는 것은 신분의 상실을 의미했다. 그러므로 노예 경험이 있는 이스라엘 백성들은 가나안에 정착한 후 땅을 지파별로 분배하면서 영원히 사거나 팔지 못하도록 했다.(레 25:23) 부득이 땅을 팔게 되었을 때는 가까운 친척이 되찾아주게 함으로써, 언약의 백성이 약속의 기업을 상실하여 그 반열에서 떨어져나가는 것을 방지했다.

신분 회복에 관한 책임은 친족 중 한 사람이 가난해서 종으로 팔려가게 되었을 때, 가장 가까운 친척이 몸값을 지불하고 그 사람을 '속량해주어야' 한다는 규정이다. 그 사람이 자유를 되찾을 수 있도록 가까운 친척이 그 대가를 지불하는 것이다.(레 25:47-49) 이러한 규정에 의해 사람이나 재산을 원상태대로 되돌려주는 역할을 하는 사람을 가리켜 기업 무를 자 곧 고엘이라고 불렀다. 기업 무를 자는 자기 스스로를 보호할 힘이 없는 사람에게는 더 말할 것도 없이 고마운 사람이었고, 급할 때 도움을 받을 수 있는 사람이었다.

하나님이 이스라엘 백성들에게 이와 같은 고엘 규정을 주신 것은 자유인이 된 하나님의 백성이 다시는 종이 되지 않도록 하기 위한 것이었다. 그것은 종이 된 형제를 구속하여 형제를 해방시킴으로써 하나님이 그들에게 부여하신 기업을 영구히 보존하고, 그들의 혈족을 유지하기 위한 제도였다. 동일한 민족, 동일한 공동체 안에서 모든 사람이 서로간에 공동의 책임을 지며 행복을 누릴 수 있도록 하는 장치였다.

만일 이와 같은 고엘의 제도 또는 속량의 율법이 잘 지켜지기만 했다면 땅을 잃는 일도, 땅을 축적하는 일도 막을 수 있었을 것이다. 또 같은 백성끼리 노예가 되거나 노예를 삼는 일도, 빈익빈 부익부의 사회 모순도 극복할 수 있었을 것이다. 하나님의 백성들이 서로간에 공동의 책임을 짐으로써, 어느 누구도 불행하게 되지 않도록 하고 언약의 백성 모두가 행복을 누릴 수 있었을 것이다.

룻기에는 기업 무를 자, 고엘의 제도만 나오는 것은 아니다. 죽은 형제나 친척의 과부와 결혼하는 계대결혼에 관한 규정도 나온다. 계대결혼법은 레비라토 율법(Levirate Law)이라 하여 '죽은 형제나 친척의 과부와 결혼하는 규정'을 말한다. 모세의 율법에 의하면 잃어버린 땅과 남의 종이 된 친척을 속량하는 율법은 고엘의 제도이고, 죽은 형제나 친척의 과부와 결혼하는 규정은 레비라토 율법에 속한다.

레비라토 율법은 죽은 남편의 동생과 결혼한다는 뜻에서 '남편의 동생'을 말하는 '리비르'(levir)에서 붙여진 이름이다. 레비라토 율법이 최초로 등장하는 곳은 창세기 38:1-11로, 유다의 아들들과 다말 간에 일어난 결혼관습이다. 이 제도는 가문과 혈통을 중요시하던 고대 문화권에서 후사 없이 죽은 형제의 대를 이어주기 위해, 친형제나 친족 중의 하나가 죽은 형제의 부인과 결혼하여 아들을 낳아주게 한

데서 유래하였다.

이 제도를 만든 본래의 목적은 죽은 형제의 가문을 일으켜 세워주고, 그의 가족과 기업을 보존케 하려는 데 있었다. 죽은 친족의 대를 이어줌으로 가장의 이름이 사라지지 않게 하고, 유산이 없어서 가족이 몰락하는 일을 막아 그 유산이 다른 사람의 손에 넘어가지 않게 하려는 것이 목적이었다.(신 25:5-6) 신명기 25:7-10은 이 법을 위반했을 경우 어떻게 해야 할 것인가에 대해 말하고 있지만 이러한 규정이 강제 규정은 아니었다.

여기서 우리가 기억해야 할 사실은 고엘 제도와 레비라토 율법은 서로 다른 제도이고 엄격히 구분되어 있었다는 사실이다. 그런데 룻기에는 이 규정들이 하나로 어우러져 있다. 그 이유는 무엇일까? 그것은 나오미와 룻이 이 두 문제를 모두 포함하고 있기 때문이다. 그들은 땅을 상실하여 신분이 처량하게 되었을 뿐 아니라, 남편이 모두 죽은 비참한 처지에 놓여 있었다. 그러므로 상실한 땅을 되찾아주고 신분을 회복시켜주는 고엘 제도와, 죽은 형의 아내와 결혼하여 아들 없는 형수에게 상속자를 안겨 나오미 가정의 불행을 막아주어야 할 필요가 제기되었던 것이다. 상속자가 없이는 땅을 지켜낼 힘 또한 없기 때문이다.

### 기업 무를 자, 고엘의 자격

그러면 어떤 사람이 기업 무를 자가 될 수 있는가? 부자이고, 자신이 원하기만 하면 아무나 될 수 있었을까? 그렇지 않다. 기업 무를 자는 세 가지 자격 요건을 갖추어야 한다.

첫 번째 자격 요건은 친족이어야 한다. 레위기 25:25는 "만일 네 형제가 가난하여 그 기업 중에서 얼마를 팔았으면 그에게 가까운 기업 무를 자가 와서 그의 형제가 판 것을 무를 것이요"라고 했다. 삼촌이나 사촌 또는 그 근족 중 누구든지 그 대상이 될 수 있으며(레 25:49), 이들은 땅의 환원뿐 아니라, 부당한 피해를 당한 친족을 위해 복수할 책임도 있고(민 35:12, 19, 21), 앞에서 말한 죽은 형의 아내와 결혼하여 상속자를 낳아주어야 할 책임(신 25:5-7)도 있다. 이처럼 이스라엘 백성들은 누구든 자신의 근족의 토지가 팔렸을 때 그것을 속량해주어야 했고, 근족이 노예가 되었을 때는 돈을 지불해 석방시켜야 했으며, 근족이 자식 없이 죽었을 경우 그 과부와 결혼하여 자식을 낳아주어야 했고, 근족이 살해당했을 경우는 복수할 책임이 있었다.(민 35:9-28)

두 번째 자격요건은 자원해야 한다는 것이다. 고엘의 제도는 하나님께로부터 할당받은 기업을 영구히 보존하고, 혈족을 유지하며, 근족이 부당한 피해를 당했을 경우 이를 보상할 제도적 장치를 마련하기 위한 좋은 목적에서 생겨났다. 그러나 이 규정이 강제 규정이 아니라는 데 문제가 있다. 강제 규정이 아니니 기업을 무를 당사자가 자원을 해야 하는데 이와 같은 고엘의 의무를 다하기 위해서는 자신의 유익을 포기해야 했다. 근족의 재산과 신분을 지켜주기 위한 제도이므로 자신의 유익은 전혀 기대할 수 없는 것이다. 이 제도가 좋은 규정임에도 불구하고 잘 지켜지지 않았던 것은 바로 이러한 이유 때문이었다.

세 번째 자격 요건은 고엘로서의 능력을 구비해야 한다는 것이다. 아무리 고엘의 의무를 감당하고 싶어도 능력이 되지 않는다면 어떻게 감당할 수 있겠는가? 자신도 살아가기 어려운 처지에 어떻게 근족을 위해 팔린 땅을 사주고(레 25:25), 노예가 된 근족을 해방시켜주고(레 25:47-48), 근족을 위해 복수하며(민 35:9-28), 죄를 범한 근족의 죗값을 대신할 수 있겠는가?(민 5:8) 그러므로 고엘은 능력이 있어야 했다.

그렇다면 나오미는 어떤 의도에서 보아스가 "우리 기업을 무를 자 중의 하나이니라"(룻 2:20)고 한 것일까? 과연 보아스는 앞에서 말한 세 가지 자격 요건을 갖춘 인물임에 틀림없는가? 결론부터 말하자면 분명히 그렇다. 보아스는 나오미의 남편 엘리멜렉의 친족이고, 기업을 무를 만한 능력을 갖춘 자이며, 자신의 유익만을 구하는 이기적인 인물이 아니었다. 룻기 2:20은 "그 사람은 우리와 가까우니"라고 했다. 개역성경은 "그 사람은 우리의 근족이니"라고 번역했다. 이는 그가 가까운 친척이라는 뜻이다.

룻기 2:1은 "나오미의 남편 엘리멜렉의 친족으로"라며 보다 더 정확히 보아스와 나오미 가족의 관계에 대해 설명한다. 엘리멜렉의 친족이라면 보아스는 첫 번째 조건에 합당한 인물임에 틀림없다. 보아스는 레위기 25:49에서 "그의 삼촌이나 그의 사촌의 아들이 그를 속량하거나 그의 가족 중 그의 살붙이 중에서 그를 속량할 것이요 그가 부유하게 되면 스스로 속량하되"라고 말한 그 대상 중 한 사람에 해당된다. 뿐만 아니라 보아스는 "유력한 자"(룻 2:1)였다. '유력한 자'라는 말은 히브리어로 '깁보르 하일'(גִּבּוֹר חַיִל)이라고 하는데 이 말은 과거에 백성을 해방시킨 기드온(삿 6:12)이나 입다(삿 11:1)와 같은 사사들에게 붙여진 칭호였다. 성경은 그들을 가리켜 '큰 용사'(삿 6:12, 11:1)라고 했는데 룻기 2:1에 기록된 유력한 자라는 말이 '용사'와 똑같은 깁보르 하일인 것이다.

깁보르 하일은 또한 '부자'나 '부호'를 가리키기도 한다. '하일'(חַיִל)이란 말이 '재물'(사 8:4)이나, '재산이 많은 사람'(신 33:11)을 가리키기 때문이다. 그러므로 룻 2:1에 "나오미의 남편 엘리멜렉의 친족 중 유력한 자가 있으니 그의 이름은 보아스더라"고 한 것은 보아스가 재물이 많은 사람일 뿐만 아니라, 도덕적으로도 존경을 받으며, 그 지방에서 강력한 영향력을 행사하는 자라는 뜻이기도 하다. 이 점에서 보아스는 기업 무를 자의 두 번째 조건에도 합당한 인물이다.

그러면 그가 어떤 성품의 소유자인가 하는 문제만 남는다. 그가 비록 엘리멜렉의 친족이고, 기업 무를 능력을 갖춘 인물이라 하더라도 자신의 유익을 구하거나 재산 늘리는 데만 혈안이 된 이기적인 성품의 소유자라면 기업 무를 자로서의 책임은 기대할 수 없을 것이다. 그런데 보아스는 룻이 자신의 밭에서 이삭을 줍는 것을 발견하고 율법에 규정한 가난한 자에 대한 배려 그 이상을 허용했다. 룻이 이방 여자인 것을 알면서도 가까이 불러 자신과 함께 식사할 수 있도록 했고, 자신의 머슴들에게는 룻이 이삭 줍는 일을 방해하지 말라고 당부했다. 그것뿐이 아니다. 룻이 이삭을 더 많이 주울 수 있도록 곡식 단에서 조금씩 뽑아 흘리라고까지 했다. 이러한 지시와 배려는 무엇을 의미하는가? 이것은 보아스란 인물이 자신의 유익보다 가난한 자를 배려하는 훌륭한 인격의 소유자라는 것을 나타낸다. 그러므로 보아스는 기업 무를 자의 세 번째 조건인 선량한 성품을 가진 사람, 즉 자신의 유익을 구하지 않는 사람으로서 고난 당하는 근족을 도울 수 있는 성품의 소유자였던 것이다.

### 나오미의 당부

나오미는 보아스에게서 이러한 사실을 간파했다. 룻이 낮 동안에 있었던 일을 고하며 '보아스의 배려로 점심을 배불리 먹고 이렇게 남겨올 수 있었고, 보리 이삭을 한 에바나 주울 수 있었다.'고 하자 나오미는 순간적으로 '그 사람이야말로 자신의 친족으로서 기업 무를 자 중의 한 사람'이라는 희망을 품었던 것이다. 그런데 그 다음에 이어지는 룻의 보고는 나오미의 마음을 더욱 설레게 했다. "그가 내게 또 이르기를 내 추수를 다 마치기까지 너는 내 소년들에게 가까이 있으라 하더이다."(룻 2:21) 얼마나 감사한 일인가. 추수를 다 마치기까지 자신의 머슴들 곁에서 이삭을 주우라니! 나오미는 너무나 반갑고 감격하여 룻에게 당부한다. "내 딸아 너는 그의 소녀들과 함께 나가고 다른 밭에서 사람을 만나지 아니하는 것이 좋으니라."(룻 2:22) 보아스는 자신의 소년들, 다시 말하면 남자 머슴들 곁에서 이삭을 주우라고 했지만, 나오미는 남자 머슴들을 따라다니는 것조차 금하고 여자들만 따라다니라고 했다.

나오미는 왜 이런 충고를 했을까? 그것은 보아스가 하나님이 보내주신 엘리멜렉 가정의 기업을 무를 자, 고엘이라고 확신했기 때문이다. 하나님의 징벌을 받아 남편과 두 아들을 잃고 고향으로 돌아온 나오미! 자신이 하나님을 떠났기 때문에 징벌을 받았고, 이제 더 이상 자신에게는 희망이 없다고 여겨온 나오미! 절망에 빠져 있던 나오미가 하나님의 구원의 손길을 감지한 것이다. 룻의 발걸음을 보아스의 밭으로 인도하시고, 엘리멜렉의 친족 중 한 사람인 보아스를 만나게 하시고, 베들레헴에서 유력한 자로 칭송이 높은 보아스로부터 도움을 받게 하신 것이 모두 하나님의 섭리라는 사실을 깨달은 것이다. 그러기에 나오미는 하나님의 손길, 하나님의 섭리가 자신들 안에서 성취되기를 고대하면서 룻에게 몸가짐을 조심하라고 당부한 것이다. 하나님의 섭리와 하나님의 계획의 실현을 위해서는 자신들이 어떠한 태도로 응답해야 할지를 자신의 삶 속에서 수없이 터득했기 때문에 자부인 룻에게 그것을 행할 것을 가르친 것이다.

이러한 나오미의 믿음은 빗나가지 않았다. 결과론적이지만, 보아스는 나오미가 기대했던 대로 나오미와 룻의 기업 무를 자가 되어 그 가족의 식량을 해결해주고(룻 2:14-17, 3:15), 가족의 땅의 소유를 회복시켜주고(룻 4:9-10), 아들을 낳을 수 없었던 그들에게 아들을 낳게(룻 4:13) 해주었다.

이 얼마나 복된 일인가! 하나님을 떠났다가 인생의 쓰디쓴 비극(마라)을 경험했던 나오미는 기업 무를 자, 고엘로 인해 베들레헴 여인들로부터 축복을 받았다. 10년 만에 베들레헴에 돌아오던 날 성읍 사람들이 "이 사람이 나오미가 아니냐?"고 떠들었을 때, '여호와께서 나를 징벌하셨고 전능자가 나를 괴롭게 하셨거늘 너희가 어찌 나를 나오미라 하느냐, 나를 나오미라 부르지 말고 마라라 부르라"고 하던 나오미였다.(룻 1:19-21) 그런데 이제 그녀는 더 이상 '마라'가 아니었다. '나오미'란 이름에 걸맞게 은혜 받은 여인, 복된 여자가 되었다. 기업 무를 자, 고엘로 인해 인생의 기쁨을 맛보게 된 것이다.

이와 같은 룻과 나오미의 기업 무를 자에 대한 아름다운 이야기를 전해 들은 이스라엘 백성들은 어떤 상상을 했을까? 율법이 부여한 하찮은 언약 속에서도 희망을 찾고, 그 희망이 기업 무를 자에 대한 희망으로 확장되어가는 것을 보면서 이스라엘 백성, 이스라엘의 민중들은 무엇을 상상했을까? 우리는 그들이 꿈꿔온 메시아에 대한 이상을 본다. 제2이사야는 이방의 왕이었던 고레스를 보고도 그들의 메시아로 대망했다.(사 44:28, 45:1) 이스라엘의 구원자(사 43:3, 11, 47:4, 렘 14:8, 50:34, 호 13:4), 구속자(사 41:14, 43:14, 48:17, 49:7, 26, 54:5, 8, 59:20, 60:16, 63:16)가 되시는 기름부음 받은 종 메시아에 대한 희망이 가득했던 그들은 룻과 나오미의 기업 무를 자로 등장한 보아스를 보고 꺼져가던 구원자에 대한 희망을 되살렸을 것이다. 그러기에 이들은 구약성경의 말라기 선지자가 "여호와의 크고 두려운 날이 이르기 전에 내가 선지자 엘리야를 너희에게 보내리니"(말 4:5)라고 했을 때 그 약속만 믿고 400년의 길고 긴 침묵의 여정 속에서 고난과 고통을 견뎌낸 것이다.(히 11:32-38) 이스라엘 기업 무를 자가 되시는 그 하나님께서는 그들이 종되었던 땅 애굽으로부터 구속하셨으며, 아브라함에게 약속하셨던 땅을 그들에게 기업으로 주셨기 때문이다.(출 6:6-8)

그렇다면 우리의 기업 무를 자는 누구일까? 우리의 고민을 해결해주고, 우리의 신분을 해결해주고, 우리의 억울함을 풀어줄 우리의 기업 무를 자는 누구일까? 매달릴 수 있고, 하소연할 수 있고, 찾을 수 있는 우리의 기업 무를 자는 누구일까? 하나님의 축복을 상실한 우리를 원래 상태대로 회복시켜줄 영원한 구속자, 우리의 기업 무를 자는 누구일까? 보아스가 엘리멜렉 가정의 기업을 이어주었듯이(룻 4:9-10), 우리를 위해 속전을 지불하고 천국의 기업을 다시 사서 주실 구속자, 우리의 기업 무를 자는 누구일까? 우리 역시 한없이 기다려진다. 그로 인해 우리도 행복을 누려야 할 것이기 때문이다.

제3부

# 하나님의 사랑을 함께 나누십시오

# 희망

**룻기** 3:1-5

룻의 시어머니 나오미가 그에게 이르되
내 딸아 내가 너를 위하여 안식할 곳을 구하여
너를 복되게 하여야 하지 않겠느냐
네가 함께 하던 하녀들을 둔 보아스는 우리의 친족이 아니냐
보라 그가 오늘 밤에 타작 마당에서 보리를 까불리라
그런즉 너는 목욕하고 기름을 바르고 의복을 입고
타작 마당에 내려가서
그 사람이 먹고 마시기를 다 하기까지는 그에게 보이지 말고
그가 누울 때에 너는 그가 눕는 곳을 알았다가
들어가서 그의 발치 이불을 들고 거기 누우라
그가 네 할 일을 네게 알게 하리라 하니
룻이 시어머니에게 이르되
어머니의 말씀대로 내가 다 행하리이다 하니라

## 언약에 담긴 희망 찾기

룻기 3장은 세 단락으로 구성되어 있다. 첫째 단락은 나오미가 계대결혼법에 의지하여 홀로된 며느리 룻을 보아스와 결혼시키기 위한 계획을 세우는 장면이고(3:1-5), 둘째 단락은 나오미의 계획에 따라 보아스의 발꿈치 근처에 누웠던 룻이 보아스에게 발견되어 기업 무를 자, 고엘에 대한 대화를 나누는 장면이고(3:6-13), 셋째 단락은 타작마당에서 돌아온 룻이 나오미에게 자초지종을 설명한 후 일의 결과를 기다리는 장면(3:14-18)이다. 이와 같은 내용 속에서 하나님의 백성으로 산다는 것은 무엇을 의미하는가에 대해 깊은 교훈을 얻을 수 있다.

### 희망의 빛

시어머니 나오미는 어떤 사람인가? 인생에서 지칠 대로 지쳐 있고, 실패할 대로 실패하고, 망할 대로 망한 사람이다. 두 자부 오르바와 룻이 고향으로 돌아가는 자신의 뒤를 따라오려고 하자 "여호와의 손이 나를 치셨으므로 나는 너희로 말미암아 더욱 마음이 아프도다"(룻 1:13)라고 탄식했던 여인이며, 자신을 알아본 고향 사람들이 "이이가 나오미냐"고 묻자, "나를 나오미라 하지 말고 나를 마라라 부르라…내가 풍족하게 나갔더니 여호와께서 내게 비어 돌아오게 하셨느니라 여호와께서 나를 징벌하셨고 전능자가 나를 괴롭게 하셨거늘 너희가 어찌 나를 나오미라 부르느냐"(룻 1:20-21)고 비통해했던 여인이다.

그런 여인이 룻기 3:1에서는 전혀 색다른 제안을 한다. "내 딸아 내가 너를 위하여 안식할 곳을 구하여 너를 복되게 하여야 하지 않겠느냐." 이 대목을 공동번역 개정판은 "아가, 이젠 너도 행복을 누리며 살 보금자리가 있어야겠구나. 내가 그것을 마련해주마."라고 번역했다. 이와 같은 나오미의 제안은 그녀가 지금까지 보였던 태도와는 전혀 딴판이다. '이제 친정으로 돌아가라.'고 하고, '제발 나를 더 괴롭히지 말아다오. 나는 하나님께 얻어맞은 신세가 아니냐.'고 탄식하던 나오미가, 여기서는 자원하여 '행복을 누리며 살 보금자리를 마련해주겠다.'고 나선 것이다.

어떻게 갑자기 이렇게 변할 수 있을까? 자신의 삶을 비관적으로만 바라보던 나오미가 왜 이러한 결심을 하게 된 것일까? 도대체 무엇이, 어떤 힘이 나오미를 다른 사람으로 만든 것일까?

우리는 그 해답을 룻기 2:20에서 발견할 수 있다. 룻이 이삭을 주우러 밭으로 나갔다가 보아스를 만나 선대받은 일을 나오미에게 고했을 때 "그 사람은 우리와 가까우니 우리 기업을 무를 자 중의 하나이니라"고 말한 데에서 그 답을 찾을 수 있다. 희망이 없던 나오미, 절망적이던 나오미가 조상들에게 약속하신 하나님의 말씀을 기억해낸 것이다. 그것이 바로 룻기 2:20의 '기업 무를 자'에 대한 하나님의 약속이다.

앞에서 살핀 바와 같이 기업 무를 자, 고엘에 대한 약속은 레위기에 처음 나온다. 기업 무를 자에 대한 규정은 크게 두 가지 의무로 나뉜다. 레위기 25:23-25는 어떤 사람이 가난해서 자기 땅을 팔 수밖에 없으면 가장 가까운 그의 친척이 자신을 위해서가 아니라 땅을 잃어버릴 위험에 처한 친척을 위하여 대신 사주어야 한다고 했다. 레위기 25:47-49는 어떤 사람이 가난해서 자기 자신을 노예로 팔 수밖에 없을 때 가장 가까운 친척이 그 사람을 속량해주어야 한다고 했다. 그런데 나오미는 이와 같은 기업 무를 자의 두 가지 의무에 대해서만 요구한 것이 아니다. 수혼(搜婚)이라고도 하고, 계대결혼이라고도 하는 또 다른 법인 레비라토의 법을 생각했다. 레비라토의 법은 후사가 없이 죽은 형제의 아내를 다른 형제가 아내로 맞이하여 죽은 형제의 가문과 기업을 이을 자녀를 낳아주게 하는 제도를 말한다.

계대결혼은 성경에서 단 두 번 기록되었다. 한 번은 율법 이전의 시대인 족장시대에 열두 족장 가운데 한 사람인 유다가 자신의 자부인 다말과의 사이에 아들을 낳은 사연이고(창 38:6-10), 다른 한 번은 율법 이후의 시대인 룻과 보아스의 사연(룻 4장)이다. 나오미는 자신의 조상 유다가 자부인 다말과의 사이에 아들을 낳아준 일을 기억해낸 순간 희망을 가졌다. 자신은 너무 늙어서 재혼할 수도 없고, 설령 재혼한다 하더라도 자식을 낳을 처지가 못 된다고 절망하던 나오미였으나, 보아스가 자신의 자부인 룻에게 선대했다는 소식을 듣고 희망의 빛을 발견한 것이다. 자신이 당한 처지와 함께 하나님의 약속조차 잊고 살았던 나오미가 보아스의 이름과 그의 후대를 전해 듣는 순간, 그가 바로 죽은 남편 엘리멜렉의 친족이요 베들레헴의 유력한 자로서 자신들의 기업을 무를 자 중의 한 사람이라는 사실을 깨달은 것이다. 그리하여 "그 사람은 우리와 가까우니 우리 기업을 무를 자 중의 하나이니라"(룻 2:20)며 벅찬 감격으로 하나님을 찬미했다.

신명기 25:5-6은 분명히 "형제들이 함께 사는데 그중 하나가 죽고 아들이 없거든 그 죽은 자의 아내는 나가서 타인에게 시집 가지 말 것이요 그의 남편의 형제가 그에게로 들어가서 그를 맞이하여 아내로 삼아 그의 남편의 형제 된 의무를 그에게 다 행할 것이요 그 여인이 낳은 첫 아들이 그 죽은 형제의 이름을 잇게 하여 그 이름이 이스라엘 중에서 끊어지지 않게 할 것이니라"고 적고 있다. 이 말씀을 기억해낸 나오미는 룻에게 "내 딸아 내가 너를 위하여 안식할 곳을 구하여 너를 복되게 하여야 하지 않겠느냐"(룻 3:1)라고 말한다. 좌절과 실망 가운데 빠진 나오미가 하나님의 말씀을 기억해내고 그 말씀에 의지하여 자신의 운명을 개척하기로 결심한 것이다.

### 의인은 믿음으로

이와 같은 나오미의 결심을 읽는 이스라엘 백성들, 곧 이스라엘 민중들은 어떤 희망을 가졌을까? 불씨가 꺼져버린 화로에서 불씨를 찾듯 잊혀진 하나님의 말씀에서 희망을 찾았을 것이다. 그렇다면 우리는 어떤가? 우리는 과연 하나님의 말씀을 어떻게 읽고, 어떻게 받아들이고 있는가? 우리는 진정 하나님의 말씀을 우리에게 주시는 약속으로 받아들이고, 그 말씀에 우리의 미래가 보장되어 있다고 믿는가?

나오미는 하나님의 모든 약속을 자신에게 주시는 언약으로 받아들였다. 때문에 나오미는 믿음과 확신에 차서 담대하게 "이젠 너도 행복을 누리며 살 보금자리가 있어야겠구나. 내가 그것을 마련해주마."(룻 3:1, 공동번역 개정판)라고 자신의 계획을 밝혔다. 그리고 룻에게 당부하기를, 먼저 목욕하고 기름을 바르고 의복을 갈아입고 타작마당으로 가라고 했다. 그 다음, 보아스가 먹고 마시기를 다하기까지는 그에게 보이지 말라고 한 뒤 이후에 보아스가 눕는 곳을 알아두었다가 그 발치 이불 밑에 들어가 누우라고 했다. 그리고 이와 같은 일을 다 행한 후 그 다음부터는 보아스에게 맡기라고 했다. 룻은 놀랍게도 시어머니가 시키는 대로 하겠다(룻 3:5)고 했다.

룻은 지금까지 시어머니가 시키는 대로 고분고분 따르던 며느리가 아니었다. 1장에 의하면 '가서 살길을 찾으라'는 시어머니의 간곡한 당부에도 굳이 시어머니를 따라나선 룻이다. 룻은 "돌아가라 강권하지 마옵소서 어머니께서 가시는 곳에 나도 가고 어머니께서 머무시는 곳에서 나도 머물겠나이다 어머니의 백성이 나의 백성이 되고 어머니의 하나님이 나의 하나님이 되시리니 어머니께서 죽으시는 곳에서 나도 죽어 거기 묻힐 것이라"(룻 1:16-17)고 자신의 주장을 굽히지 않았던 인물이다. 2장에 의하면 룻은 시어머니가 시키지도 않았는데 먼저 밭에 나가 이삭을 줍겠다고 했다. 이쯤 되면 룻은 상당히 고집이 세고 주관이 강한 여인임을 알 수 있다.

그런데 룻기 3장에 기록된 룻은 그동안 보여주던 모습과 판이하게 다르다. 재혼시키려는 시어머니의 계획을 듣고 한마디도 토를 달지 않고 "어머니의 말씀대로 내가 다 행하리이다"라고 대답한 것이다.

어떻게 이렇게 변할 수 있는가? 주관이 분명하고 의지가 강한 룻이 어째서 한마디도 묻지 않고 순종하겠다고 대답한 것일까?

사실 시어머니가 계획한 일은 룻에게 위험천만한 일이 아닐 수 없다. 창피당하는 것은 물론 목숨까지 잃을 수도 있는 일이다. 우선 히브리 풍속에 익숙하지 않은 이방 여인으로서 히브리 남자를 만난다는 것 자체가 쉬운 일이 아니다. 또한 룻과 보아스는 신분 상으로도 많은 차이가 난다. 룻은 가난한 과부이지만 보아스는 그 지방의 유력한 상류 계층의 인물이다. 그리고 더 심각한 것은 여자가 남자와 통간할 경우 목숨을 잃을 수도 있다는 것이다. 율법에 의하면 여자가 남자와 통간할 경우 돌로 쳐 죽이라고 했다.(레 20:10, 신 22:22, 24) 요한복음에 나오는 간음한 여인을 예수님 앞에 데리고 나와 돌로 치려고 했던 근거도 바로 여기에 있다.(요 8:5) 그런데 시어머니의 지시에 따라 합의도 안 된 외간 남자의 침소에 들어간다니 그게 가당키나 한 일인가? 그런데 룻은 놀랍게도 아무런 이의도 제기하지 않고 "어머니의 말씀대로 내가 다 행하리이다"라고 대답했다.

어떻게 이런 결심을 한 것일까? 이것이 바로 주목해야 할 내용이다. 자신은 징벌을 받은 불행한 여인이요, 희망이 없는 비참한 여인이라고 고백했던 나오미가 희망을 갖게 된 것도, 또한 목숨을 걸어야 할 만큼 위험천만한 일이었음에도 불구하고 "어머니의 말씀대로 내가 다 행하리이다"라며 룻이 순종한 것도 하나님의 말씀, 하나님의 약속을 기억하고 그것을 굳게 믿었기 때문이다. 가난해서 자기 땅을 팔 수밖에 없게 되었을 때 가장 가까운 친척이 그 땅을 대신 사주어야 한다는 규정(레 25:23-25), 가난해서 남의 종으로 팔릴 수밖에 없게 되었을 때 가장 가까운 친척이 그 사람을 속량해주어야 한다는 규정(레 25:47-49)을 기억해낸 순간 나오미는 그 말씀에 의지하여 희망을 가질 수 있었고, 그 말씀에 자신들의 운명과 목숨을 걸 수 있었던 것이다.

하나님의 백성으로 살아간다는 것은 바로 '하나님의 말씀에 대한 믿음'으로 산다는 것이다. 하나님이 아브라함을 시험한 이유도 바로 이것이다. 백 세가 되어 낳은 아들을 하나님께 번제로 드리려 할 때 하나님은 그의 순종을 보셨고, "네가 이같이 행하여 네 아들 네 독자도 아끼지 아니하였은즉 내가 네게 축복을 주고… 또 네 씨로 말미암아 천하 만민이 복을 받으리니 이는 네가 나의 말을 준행하였음이니라"(창 22:16-18)고 말씀하셨다.

마귀가 예수님을 시험한 것도 똑같다. 마귀는 예수님을 향하여 "네가 만일 하나님의 아들이어든 명하여 이 돌들로 떡덩이가 되게 하라"(마 4:3)고 했다. 그때 예수님은 "사람이 떡으로만 살 것이 아니요 하나님의 입으로부터 나오는 모든 말씀으로 살 것이라"(마 4:4)고 하셨다. 아무리 배가 고파 죽을 지경이라도 하나님의 입에서 나오는 말씀으로 사는 자가 하나님의 아들이라고 대답한 것이다.

하박국 선지자에게는 두 가지 의문이 있었다. 하나는 '왜 하나님은 유다의 죄악과 불의에 대해 침묵하시는가?' 하는 것이고, 다른 하나는 '왜 하나님은 유다를 심판하시기 위해 유다보다 더 악한 바벨론을 사용하시는가?'라는 것이었다. 이때 하나님은 "의인은 그의 믿음으로 말미암아 살리라"(합 2:4)는 말씀으로 답하셨다. 하박국은 의인이 압제당하고 악인이 번영하는 사회적 모순 앞에 고뇌하며 하나님께 응답을 구했을 때, 하나님은 악하고 부패한 유다를 심판하기 위해 유다보다 더 악한 바벨론을 도구로 사용하신다는 사실과 하나님의 도구로 사용된 악인 역시 망하게 될 것이라는 응답을 듣고 놀라움을 금할 수 없었으나 '의인은 그의 믿음으로 말미암아 살아야 한다.'는 말씀을 듣고 하나님을 찬양하기에 이른다.

여기서 우리는 이런 질문을 갖게 된다. 하나님의 백성으로 사는 것과 이방인으로 사는 것에는 어떤 차이가 있는가? 하나님을 왕으로 섬기는 사람과 자기 소견에 옳은 대로 행하는 사람은 어떤 차이가 있는가? 룻기의 대답은 이렇다. 하나님의 백성은 하나님의 말씀대로 사는 자이고, 하나님을 왕으로 섬기는 자는 자기 소견에 옳은 대로 행하는 사람이 아니라, 하나님의 명령을 지키는 자라고 말한다. 그러기에 나오미와 룻은 하나님의 말씀으로 인해 절망 중에 희망을 가졌고, 위험천만한 일이었음에도 그 일에 자신의 운명과 목숨을 걸었다. 하나님 말씀만이 자신의 삶의 근거요, 수단이요, 희망이 된다고 보았기 때문이다.

## 믿음으로 산다는 것

런던의 케이 미술관에는 프레드릭 왓츠(G. F. Watts)가 그린 〈소망〉이라는 그림이 있다. 둥그런 지구 위에 아주 연약하게 보이는 한 여자가 홀로 외롭게 앉아 있는 그림이다. 그 여인의 두 눈은 수건으로 싸매어져 전혀 앞을 볼 수가 없다. 그 여인은 줄이 끊어진 비파를 가슴에 안고 있는데, 일곱 줄 가운데 여섯 줄은 모두 끊어지고 오직 한 가닥만 남아 있다. 그녀의 뒤에는 희미한 별이 하나 반짝이고 있다.

아무리 봐도 이 그림은 〈소망〉이라고 이름 붙이기에 적절하지 않다. 그런데도 이 그림 밑에는 소망이라고 적혀 있다. 왜 소망일까? 여인이 혼자 우주에 외롭게 앉아, 보지도 못하는 눈으로 한 줄 비파를 연주하는데 왜 이 그림이 소망이라는 것인가? 바로 그 한 가닥 남은 줄이 소망의 줄이라는 것이다. 여인은 일곱 줄 가운데 여섯 줄이나 끊어진 비파를 가진 상황에서도 한 가닥 남은 줄로 신들린 사람처럼 열심히 연주하며, 자신이 연주하는 음악에 귀를 기울이고 있다.

이것은 무엇을 의미하는가? 사람이 어떤 문제 속에 놓여 있다 할지라도 그에게는 비파의 남은 한 가닥과 같은 희망의 즐이 있다는 뜻이다. 인간이 믿었던 모든 줄이 끊어졌다고 할지라도, 그래도 끊어질 수 없는 소망의 줄은 반드시 있다는 것이다. 만일 인간이 그 줄만 잘 잡고 있다면 인간은 계속해서 어떤 고난이라도 이기고 나아갈 수 있다는 뜻이다.

그의 그림은 수많은 사람의 생명을 살렸다. 캄캄해서 앞을 보지 못하면서도 한 가닥 남은 줄로 비파를 연주하는 그 그림을 통해 많은 사람을 구원해낸 것이다.

이 그림처럼 끝까지 끊어지지 않는 소망의 줄이 과연 존재할까? 그렇다면 그 줄은 무엇인가? 여기에 성경은 영원하신 하나님의 말씀,

곧 약속의 말씀이 그 소망의 줄이라고 말한다. 베드로전서 1:24-25는 "모든 육체는 풀과 같고 그 모든 영광은 풀의 꽃과 같으니 풀은 마르고 꽃은 떨어지되 오직 주의 말씀은 세세토록 있도다"라고 하였다. 하나님이 모든 사람을 향해 말씀하신 약속의 말씀은 우리가 놓칠 수 없는 소망의 줄인 것이다.

나오미는 바로 이 줄을 잡았다. 일곱 줄 가운데 여섯 줄이 끊어지고 마지막 한 가닥만 남은 비파처럼 끊어질 대로 끊어진 인생이었으나 나오미는 희미하게 남아 있는 한 가닥 약속의 말씀을 움켜잡았다. 그 언약의 말씀에 근거하여 자부인 룻에게 "그 사람은 우리와 가까우니 우리 기업을 무를 자 중의 하나이니라"(룻 2:20)고 하고, 그 믿음과 확신에 근거하여 "이젠 너도 행복을 누리며 살 보금자리가 있어야겠구나. 내가 그것을 마련해주마."(룻 3:1, 공동번역 개정판)라고 당당히 밝힌 뒤 자신의 계획을 알려주었던 것이다.

이 같은 나오미의 계획은 이스라엘 백성들에게도 값진 교훈이 되었을 것이다. 그들 역시 지칠 대로 지치고, 실패할 대로 실패하고, 절망할 대로 절망한 자들이었기에 희망이라곤 찾아볼 수 없었다. 북왕국이 앗수르에 망하고, 남왕국이 바벨론에 짓밟혀 포로로 끌려간 후 70년 만에 귀환했으나 발붙일 땅 한 평 없고, 기근과 한파와 가뭄으로 인해 목숨마저 연명하기조차 힘들었던 그들에게 무슨 희망이나 낙이 있었을까? 그들 역시 줄이 끊어진 비파를 가슴에 안고 희미한 별빛 아래 앉아 있는 여인과 같았다. 그러나 그들에게도 아직 남아 있는 줄이 있었다. 그것이 바로 언약이다. 그들은 망각했던 하나님의 언약, 즉 다윗에게서 한 의로운 가지가 나서 세상에서 공평과 정의를 행하고, 이스라엘은 회복될 것이며(렘 23:5-6, 사 49:8-26), 열방이 와서 그를 섬기고(사 49:22-23), 황폐한 성읍에 사람들이 모일 것이며(겔 34:26-30), "내가 이스라엘 집과 유다 집에 새 언약을 맺으리라"(렘 31:31)는 말씀을 회상하게 되었다. 신구약 성경 중간기의 어두운 세월을 이스라엘 백성들이 어떻게 이겨냈을까? 바벨론에서 페르시아, 페르시아에서 헬라, 헬라에서 시리아의 왕 안티오쿠스 4세의 등장과 하시딤(Hasidim) 운동, 그리고 로마에 이르기까지 그 어둡고 험난한 세월을 하나님의 말씀에 의지하여 버텨냈던 것이다. 그러므로 나오미의 이야기는 그들의 이야기이고 나오미의 희망은 그들의 희망이었다. 나오미가 하나님의 말씀 속에 담긴 언약의 확신에 근거하여 행복을 꿈꿨던 것처럼 이스라엘 민중은 자신들의 꿈을 연상시켰다.

우리 역시 마찬가지다. 하나님의 말씀 없이는 희망을 가질 수 없다. 그럼에도 우리가 진정 하나님의 말씀이 진리라고 믿어왔던가? 성경에 기록된 모든 말씀이 진리이고, 내게 주시는 약속이라고 받아들였던가? 분명한 사실은 성경에 기록된 하나님의 말씀을 단 한 구절이라도 내게 주시는 하나님의 약속이라고 믿는다면 우리는 어떤 상황에서도 소망을 가질 수 있다는 것이다. 단 한 구절이라도 믿기만 한다면 성경에 기록된 모든 말씀을 내게 주시는 하나님의 약속으로 받아들일 수 있다. 왜냐하면 성경의 모든 말씀은 연결되어 있기 때문이다. 한 말씀만이라도 목숨 걸고 믿을 수 있다면 성경에 기록된 모든 말씀을 믿는 것이다. 그러나 단 한 말씀이라도 믿지 못한다면 성경의 3만 1,067절 모든 말씀을 믿지 못하는 것이다.

하나님의 백성은 어떤 사람인가? 어떤 사람을 하나님의 백성이라 할 수 있는가? 하나님의 백성은 하나님의 말씀을 생명처럼 여기는 자이다. 예수께서 "만일 하나님의 아들(하나님의 백성)이어든 명하여 이 돌들이 떡덩이가 되게 하라"(마 4:3)는 시험에 대해 "하나님의 아들은 떡으로만 사는 사람이 아니라 하나님의 입에서 나오는 모든 말씀으로 살 것이라"(마 4:4)고 대답하신 것처럼 하나님의 아들은 굶어 죽을지라도 하나님의 입에서 나오는 말씀으로만 사는 자이다. 하나님의 말씀은 하나님의 백성이 살아가는 삶의 목표요, 근거요, 힘이기 때문이다.

하나님의 백성은 하나님의 말씀대로 사는 자이고, 하나님을 왕으로 섬기는 자는 자기 소견에 옳은 대로 행하는 사람이 아니라, 하나님의 명령을 지키는 자라고 말한다. 그러기에 나오미와 룻은 하나님의 말씀으로 인해 절망 중에 희망을 가졌고 위험천만한 일이었음에도 그 일에 자신의 운명과 목숨을 걸었다.

# 감동

**룻기** 3:6-13

보아스가 먹고 마시고 마음이 즐거워 가서
곡식 단 더미의 끝에 눕는지라
룻이 가만히 가서 그의 발치 이불을 들고 거기 누웠더라
밤중에 그가 놀라 몸을 돌이켜 본즉
한 여인이 자기 발치에 누워 있는지라
이르되 네가 누구냐 하니
대답하되 나는 당신의 여종 룻이오니
당신의 옷자락을 펴 당신의 여종을 덮으소서
이는 당신이 기업을 무를 자가 됨이니이다 하니
그가 이르되 내 딸아 여호와께서 네게 복 주시기를 원하노라
네가 가난하건 부하건 젊은 자를 따르지 아니하였으니
네가 베푼 인애가 처음보다 나중이 더하도다
그리고 이제 내 딸아 두려워하지 말라
내가 네 말대로 네게 다 행하리라
네가 현숙한 여자인 줄을 나의 성읍 백성이 다 아느니라

## 사랑이 사랑을 낳다

룻기 전체의 핵심 주제는 하나님의 사랑 '헤세드'(חֶסֶד)이다. 헤세드라는 단어는 룻기 1:8에서 "선대"라는 말로 번역되었고, 2:10에서는 "은혜"라는 말로, 3:10에서는 "인애"라는 말로 각기 다르게 번역되었다. 하나님의 사랑, 또는 무한한 사랑을 가리키는 히브리어 '헤세드'는 룻기에서 단 세 번밖에 나오지 않는다. 먼저 룻과 오르바가 나오미에게 베푼 헤세드(룻 1:8), 다음으로 보아스가 나오미와 룻에게 베푼 헤세드(룻 2:10), 마지막으로 룻이 보아스에게 베푼 헤세드(룻 3:10)로 나타난다. 이처럼 룻이 나오미에 대해, 나오미가 룻에 대해, 보아스가 나오미에 대해, 나오미와 룻이 보아스에 대해 베푼 헤세드를 통해 이스라엘 공동체 안에서 하나님의 헤세드가 실현되고 있음을 나타내고 있다.

### 헤세드의 뜻

'헤세드'란 단어는 주로 하나님의 언약적인 사랑을 언급할 때 사용하지만 때로는 끊을 수 없는 인간 사이의 사랑이나 우정을 표현할 때도 사용한다.(삼하 9:1, 3, 10:2) 예를 들면 다윗과 요나단의 우정이 바로 그 경우이다. 쾰러(L. H. Koehler)에 의하면, 구약에서 헤세드는 모두 245회 나오는데 이는 은혜, 인애, 인자, 자비 등으로 번역되었다. 헤세드는 흔히 '언약에 기초한 사랑'이라고 해석하지만, 법적인 의무가 전혀 없는 상태에서 오직 주는 사람의 마음 속에 사랑과 긍휼함이 있어서 베풀지 않고는 견딜 수 없는 심정으로 베푸는 사랑을 가리킨다. 하나님께서 인간에게 베푸시는 사랑 역시 이 단어로 표현되는데, 하나님은 헤세드(계약에 기초한 사랑)에 의해 이스라엘 백성을 인도하시고, 헤세드에 의해 이스라엘 백성을 구출해내셨다.(출 15:13)

그렇다면 룻기에서 헤세드는 어떤 의미로 사용되었는가? 룻기에서 헤세드는 세 가지 각기 다른 의미로 사용되었다. 첫째는 하나님께서 베푸실 은혜를 표현할 때이고, 둘째는 보아스가 베푼 호의를 표현할 때, 셋째는 룻이 한 일을 설명할 때이다. 이처럼 세 가지 의미로 사용되는 헤세드는 자기 자신보다는 다른 사람의 유익을 위하여 무엇인가를 베풀었을 때, 즉 이타적인 행동에 적용된다는 공통점이 있다.

하나님의 헤세드는 룻기 안에서 어떻게 다르게 표현되고 있는가? 먼저 나오미를 보라. 룻기 3:1은 "룻의 시어머니 나오미가 그에게 이르되 내 딸아 내가 너를 위하여 안식할 곳을 구하여 너를 복되게 하여야 하지 않겠느냐"라는 말로 시작한다. 희망도 미래도 없던 나오미가 이처럼 며느리 룻을 위해 안식할 곳을 마련해주겠다고 한 것은 하나님의 헤세드에서 비롯된 것이다.

지금 나오미가 며느리의 안식을 논할 처지인가? 망할 대로 망하고, 비참할 대로 비참해진 나오미의 지금 형편은 고사하고라도 유일한 버팀목이요 동거인인 룻을 재혼시킨다는 것이 그의 처지에서 가당키나 한 일인가? 룻기 3:1에서 나오미는 '우리를 위하여'라고 하지 않고 '너를 위하여'라고 했다. 자신을 포함하여 두 여인만 남은 가족의 장래를 염려한 것이 아니라, 며느리의 안식과 안전에만 신경을 쓰고 있다는 뜻이다.

'안식할 곳'이란 말의 원어는 '마노아흐'(מָנוֹחַ)인데, 이는 '평화스럽고 안정된 생활여건'을 가리킨다. RSV판은 이 말을 '한 가정'(a home)으로 번역했고, Living Bible은 '남편'으로, 우리말 공동번역은 '보금자리'란 말로 의역했다. 여기서 마노아흐는 과부가 가정을 가지는 것, 다시 말하면 남편을 얻음으로써 안식을 누리게 되는 것을 암시한다. 룻기 1:9에서 나오미가 두 며느리에게 "여호와께서 너희에게 허락하사 각기 남편의 집에서 위로를 받게 하시기를 원하노라"고 한 바와 같이 고대 사회에서는 보호받지 못하는 과부들이 평안함과 안식을 누릴 수 있는 환경은 남편을 얻음으로써만 가능했기 때문이다. 이런 상황에서 나오미는 자신의 비참한 형편에도 불구하고 자신보다 며느리를 생각했다. 며느리의 사랑에 감동한 나오미가 감동을 받아 자신보다 며느리를 더 생각하게 된 것이다.

룻은 어떠한가? 룻 역시 시어머니의 간곡한 만류에도 불구하고 끝까지 나오미를 따라나선 것(룻 1:16-17)은 물론이려니와 죽은 남편과 시어머니에게 자신이 행할 수 있는 최선의 사랑을 쏟아부었다. 룻기 2:11-12에서 보아스가 룻에게 한 말에 주목해보면 "네 남편이 죽은 후로 네가 시어머니에게 행한 모든 것과 네 부모와 고국을 떠나 전에 알지 못하던 백성에게로 온 일이 내게 분명히 알려졌느니라 여호와께서 네가 행한 일에 보답하시기를 원하며 이스라엘의 하나님 여호와께서 그의 날개 아래에 보호를 받으러 온 네게 온전한 상 주시기를 원하노라"고 했다. 그뿐인가? 룻기 3:10은 "그가 이르되 내 딸아 여호와께서 네게 복 주시기를 원하노라 네가 가난하건 부하건 젊은 자를 따르지 아니하였으니 네가 베푼 인애(헤세드)가 처음보다 나중이 더하도다"라고 했다. 처음의 인애(헤세드)란 무엇인가? 남편이 죽은 후에 시어머니에게 선한 일을 많이 행한 것을 가리킨다. 남편이 죽은 후에도 시어머니에게 헤세드를 행했다는 것이다.

이러한 보아스의 격려는 나오미의 입을 통해서도 확인된다. "너희는 각기 너희 어머니의 집으로 돌아가라 너희가 죽은 자들과 나를 선대한 것 같이 여호와께서 너희를 선대하시기를 원하며 여호와께서 너희에게 허락하사 각기 남편의 집에서 위로를 받게 하시기를 원하노라"(룻 1:8-9)고 했다. 이처럼 룻은 남편에게도 헤세드(선대)를 베풀고, 시어머니께도 헤세드(선대)를 베풀었다. 게다가 자기 부모와 고국을 버리고 떠나왔으며, 전에 살아본 적이 없는 유대 땅으로 시어머니를 따라 이민을 왔다. 이러한 룻의 결단은 위험을 무릅쓴 희생적인 결단으로서 헤세드의 삶을 산 것이다.

나중의 인애(헤세드)란 젊은 과부로서 정욕을 따라 행하지 않고 하나님의 말씀에 따라 가까운 근족과 결혼하여 그 남편의 이름을 세상에 남기고자 한 룻의 행위를 말한다. 룻기 4:10을 보면 "또 말론의 아내 모압 여인 룻을 사서 나의 아내로 맞이하고 그 죽은 자의 기업을 그의 이름으로 세워 그의 이름이 그의 형제 중과 그 곳 성문에서 끊어지지 아니하게 함에 너희가 오늘 증인이 되었느니라"고 했다. 만일 룻이 계대결혼의 규정을 무시하고 자신의 행복을 찾기 위해 젊은 사람을 찾았다면 이러한 일이 가능했을까? 때문에 보아스는 "네가 베푼 인애가 처음보다 나중이 더하도다"(룻 3:10)라고 한 것이다.

이는 룻이 시어머니를 위해 자신을 희생했을 뿐만 아니라 자신의 미래까지도 포기했음을 의미한다. 룻은 남을 돕고 베푸는 자, 곧 헤세드의 삶을 살고 있다는 뜻이 포함되어 있다. 이것이 결국 시어머니 나오미를 감동시켰고 베들레헴의 유력한 자 보아스의 마음도 감동시킨 것이다.

보아스는 위험을 무릅쓰고 자기 발치에 누워서 "나는 당신의 여종 룻이오니 당신의 옷자락을 펴 당신의 여종을 덮으소서 이는 당신이 기업 무를 자가 됨이니이다"(룻 3:9)라고 청원하는 룻에게, "내 딸아 두려워하지 말라 내가 네 말대로 네게 다 행하리라 네가 현숙한 여자인 줄을 나의 성읍 백성이 다 아느니라"(룻 3:11)고 대답했다. 룻은 보아스에게 기업 무를 자가 되어달라고 했고, 보아스는 일체의 변명이나 망설임 없이 "내가 네 말대로 네게 다 행하리라"고 대답하였다. 보아스는 시어머니에 대한 룻의 헤세드를 알아보고 자신도 그러한 헤세드로 룻에게 보답하겠노라고 대답한 것이다. 이어서 그는 "네가 현숙한 여자인 줄을 나의 성읍 백성이 다 아느니라"고 했다.

### 사랑의 감동

여기서 '현숙한 여자'라는 표현은 히브리어 '에쉐트 하일'(אֵשֶׁת חַיִל)로 본래는 '힘 있는 여자, 능력 있는 여자'를 가리킨다. 이는 신체적으로나 도덕적으로, 또는 영적으로도 감화력이 있고 덕목을 갖춘 여자를 호칭할 때 쓰는 표현이다. 잠언에서는 에쉐트 하일(현숙한 여인)에 대해 여러 가지 아름다운 말로 표현했다. 산업이 핍절치 아니하게 하며(잠 31:11-19), 가난한 자에게 선을 행하고(잠 31:20), 남편을 존귀케 만들며(잠 31:23), 모든 언사에 지혜와 규모가 있고(잠 31:26), 부지런하며 게으르지 아니하고(잠 31:27), 여호와를 경외함으로 주변 사람들에게 칭찬을 듣는 자(잠 31:30, 31)라고 했다. 보아스는 이처럼 신체적, 도덕적, 영적으로 덕목을 갖추고 감화력이 있는 여자를 호칭할 때 사용하는 표현을 통해 룻을 위로하고 격려했다. 룻은 성읍에서 에쉐트 하일, 다시 말해 현숙한 여자로 소문이 나 있다는 것이다.

얼마나 룻을 높이고 배려하는 마음인가. 히브리 풍속에 익숙하지 않은 이방 여인으로서 룻이 히브리 남자를 만난다는 것은 부정한 여인으로 오해받아 목숨을 잃을 수도 있는 위험한 일임을 잘 알고 있는 보아스였기에, 룻은 부정한 여자가 아니라 현숙한 여자로 소문이 나 있다는 말로 그녀의 불안한 마음을 달랜 것이다.

사실 시어머니가 시키는 대로 목욕을 하고, 기름을 바르고, 의복을 갈아입고, 타작마당에 숨어 있다가 보아스가 자리에 눕는 것을 틈타 그의 발치 이불을 들고 누운 룻은 이루 말할 수 없이 두렵고 가슴 졸였을 것이다. 그런 룻의 마음을 보아스가 헤아린 것이다. 책망이 아닌 격려를 통해 그녀의 마음을 위로한 것이다. "네가 현숙한 여자인 줄을 나의 성읍 백성이 다 아느니라"(룻 3:11), 이런 칭찬과 배려는 누구나 할 수 있는 것이 아니다. 하나님의 헤세드를 품은 사람만이 할 수 있다. 이와 같이 룻기 3장에 등장하는 세 사람은 모두 하나님의 헤세드에 도취된 사람들이었다.

마치 바울이 고린도교회에 보내는 두 번째 편지에서 "우리가 만일 미쳤어도 하나님을 위한 것이요 정신이 온전하여도 너희를 위한 것이니 그리스도의 사랑이 우리를 강권하시는도다"(고후 5:13-14)라고 한 것처럼 이들 세 사람은 모두 하나님의 사랑에 감동되고 하나님의 사랑에 미친 것이다. 나오미가 룻의 헤세드에 감동하여 자신의 미래보다 며느리의 미래를 위해 하나님의 약속에 근거한 계획을 짰고, 룻 역시 시어머니의 헤세드에 감동하여 자기 부모와 고국을 버리고 전에 살아본 적 없는 유대 땅으로 들어와 자신을 희생시켜가며 시어머니를 극진히 섬겼다. 베들레헴의 유력한 자 보아스도 마찬가지다. 하나님께서 보장하신 가난한 자들에 대한 율법의 규정을 뛰어넘어 파격적인 조치들(룻 2:8-9, 14-16)을 취함으로써 하나님의 헤세드를 나타내었을 뿐만 아니라, 룻의 희생적인 사랑에 감동하여 나오미와 룻을 위한 기업 무를 자가 되기로 작정한 것이다. 보아스는 말하기를 "네가 가난하건 부하건 젊은 자를 따르지 아니하였으니 네가 베푼 인애(헤세드)가 처음보다 나중이 더하도다"(룻 3:10)라고 했다. 룻이 빈부를 막론하고 젊은 사람을 따르지 않은 것은 하나님의 헤세드를 나타낸 것이며, 그 사랑(헤세드)에 감동하여 자신도 고엘의 의무를 다하겠다고 약속한 것이다.

여기서 하나님의 백성으로 산다는 것이 무엇을 의미하는가를 발견할 수 있다. 그것은 하나님의 헤세드, 하나님의 사랑을 함께 나누고, 함께 베풀고, 함께 사는 것을 의미한다. 자신만을 위하는 삶이 아니라 남을 위하는 마음, 남을 먼저 배려하는 마음을 가지고 사는 삶이야말로 하나님의 백성들이 살아가는 삶의 방식이다.

따라서 하나님의 백성은 하나님의 사랑을 알고 깨닫는 데 그치는 것이 아니라, 그 사랑으로 남을 움직이고, 감동시키는 삶을 살아야 한다. 감동시킬 수 없는 사랑은 사랑이 아니다. 남을 감동시킬 수 있을 때 진정한 사랑이 되는 것이다. 진정한 사랑에는 조건이 없다. 무엇을 기대하는 사랑은 사랑이 아니다. 이유가 없이 그냥 베풀 뿐이다. 그것이 헤세드라는 말 속에 담겨 있는 깊은 뜻이다.

### 사람을 변화시키는 힘

톨스토이(Tolstoi)의 작품에는 참된 삶의 의미와 진실을 찾아 헤매는 사람들에 대한 이야기가 많다. 그중 하나가 『부활』이라는 작품이다. 『부활』은 문학에 대한 회의를 품고 근 10년 동안 절필했던 톨스토이가 종교적인 신념으로 추방당한 친구를 돕기 위해 쓴 작품이다. 톨스토이는 여기서 네플류도프라는 주인공을 통해 '사람이 사랑한다는 것은 무엇일까? 어떻게 사랑하고, 어떻게 사는 것이 인간답게 사는 것일까?'에 대한 문제를 진지하게 파헤쳤다.

톨스토이가 말하는 '부활'은 예수께서 죽으셨다가 다시 살아나신 것과 같은 육체적인 부활이 아니다. 톨스토이는 자신의 욕망을 절제하지 못하고 한 소녀를 농락했던 주인공이 자신으로 인해 처참하게 망가진 여인을 다시 대면하는 순간 충격을 받고 괴로워하다가 진심으로 뉘우친 후 새사람으로 태어나는 정신적 변화를 부활이라고 보았다.

주인공 네플류도프는 그렇게도 순진하고 천진난만하던 카츄샤가 자신으로 인해 매춘부로 전락한 데다가 살인 누명까지 쓰고 구속당한 것을 보고 고민 끝에 즉각 카츄샤를 만나 용서를 빌기로 결심한다. 카츄샤를 위해서라면 무슨 일이든 할 것이며, 필요하다면 결혼도 할 것이라는 뜻을 전하리라 결심하고 감옥으로 찾아간다. 그러나 카츄샤로부터 번번히 면회를 거절당하고, 겨우 면회가 허락되어 용서를 구했으나 그녀의 반응은 차갑고 냉담하기만 했다. 그래도 네플류도프는 포기하지 않았다. 카츄샤를 위해 유능한 변호사를 선임하고 온갖 방법을 동원하여 구명운동을 폈다. 하지만 그런 노력에도 불구하고 카츄샤는 살인 누명을 쓰고 시베리아로 유형당한다.

그러나 네플류도프는 포기하지 않고 그곳까지 따라갔다. 그는 카츄사를 위해 명예도 버리고, 부도 버리고, 약혼까지 포기하였다. 하지만 카츄샤는 자신을 구하려는 네플류도프의 모든 시도를 위선과 거짓으로 여긴다. 자신을 농락한 후 100루불을 던져놓고 사라진 네플류도프를 도저히 용서할 수 없었던 것이다.

네플류도프는 백방으로 노력한 끝에 황제의 사면을 받아낸 후 카츄샤를 만나 자유의 몸이 되었음을 전하며 자신과 결혼해줄 것을 청한다. 카츄샤는 그제서야 비로소 네플류도프의 진정한 반성과 참회에 감동받고 마음을 열어 그를 용서하기에 이른다. 그러나 그에게 더 이상 짐이 되고 싶지 않을 뿐만 아니라, 네플류도프로 하여금 도덕적 의무감에서 벗어나게 하기 위해 자신은 감옥에서 만난 시몬손과 결혼할 것임을 밝힌 후 길을 떠난다.

시몬손과 함께 떠나는 카츄샤를 착잡한 마음으로 전송하고 돌아온 네플류도프는 숙소로 돌아와 복음서를 읽다가 깊은 감동을 받고 그 가르침에 따라 살기로 결심한다. 비록 카추샤와의 관계는 끝났지만 그동안 자신이 경험한 세계가 사악한 세계였고, 사랑이 부족한 사회였다는 것을 깨닫고 "너희는 먼저 그의 나라와 그의 의를 구하라"(마 6:33)고 하신 예수님의 가르침에 따라 고통 당하는 수많은 사람들을 구하는 것이 자신의 사명임을 자각한다. 이러한 자각으로 인해 그의 삶은 새로운 의미를 품게 되었고 그날 밤 그는 새로운 사람으로 다시 태어난다. 제2, 제3의 카츄샤와 같은 약자들을 위해 살기로 결심했다는 것으로 이야기는 끝이 난다.

톨스토이는 이처럼 참된 삶의 진실을 찾아 고행의 길을 택한 네플류도프의 인생고백을 그려냄으로써 네플류도프의 변화와 깨우침을 '부활'로 해석하였다.

『부활』이 감동적인 이유는 네플류도프의 희생과 헌신적인 사랑과 그의 진심으로 인해 카추샤가 감동을 받았으며, 감동을 받은 그녀 역시 그에게 새로운 길을 열어주었기 때문이다. 다시 말하면 네플류도프의 헌신적인 사랑이 카츄샤의 마음을 감동시킨 것처럼 룻과 보아스와 나오미의 희생과 헌신적인 사랑은 그들 모두에게 감동을 불러일으켰고, 그 감동이 결국 기적을 만들어내고, 이스라엘의 역사를 바꾸어놓은 것이다.

빅토르 위고(Victor M. Hugo)가 쓴 『레미제라블』도 마찬가지다. 빵 한 조각을 훔친 죄로 19년 동안 복역한 장발장을 변화시킨 것은 밀리에르 신부이다. 밀리에르 신부로부터 감동받은 장발장은 개과천선하여 마들렌이란 이름으로 살다가 그의 뒤를 집요하게 쫓는 자베르 형사에게 감동을 준다. 평생을 쫓기며 살아야 했던 그였지만 그는 언제나 타인을 헤아림으로써 타인에게 깊은 감동을 주었다.

오 헨리(O. Henry)의 『마지막 잎새』도, 오스카 와일드(Oscar Wilde)의 『행복한 왕자』도 온몸을 다해 남을 사랑함으로 결국은 다른 이를 감동시킨 이들의 이야기이다.

룻기 역시 하나님의 백성으로 산다는 것은 하나님의 사랑(헤세드)을 실천하는 것이고, 하나님의 사랑의 실천이란 사랑으로 남을 감동시키는 삶이라고 말한다. 사랑으로 남을 감동시킨다는 것은 그것이 무한한 사랑, 조건 없는 사랑일 때만 가능하다고 말한다. 조건을 붙이는 사랑은 감동을 주지 못한다. 희생적이고, 헌신적인 사랑을 베풀 때 만이 남을 감동시킬 수 있다.

그러면 룻기의 저자는 어떤 의도에서 이와 같은 이야기를 전하고 있는 것일까? 나오미와 룻과 보아스의 이야기를 자기 시대 백성들에게 전하는 이유는 무엇일까? 그것은 룻기에 나타나는 그 당시 백성들의 상황 속에 드러난다. 물론 룻기 속에는 그 당시 백성들의 상황에 대한 구체적인 언급은 없다. 다만 룻기 안에 흩어져 있는 여러 정황들을 통해 그 당시 백성들이 살았던 상황을 짐작할 수 있을 뿐이다.

룻기에 나타난 이스라엘 사람들의 삶은 이삭을 주워서라도 생계를 유지할 수밖에 없는 비참한 상황이었다(2:2). 가난한 사람들은 유산으로 물려받은 땅을 팔 수밖에 없었으며(4:3), 부자들은 가난한 친족을 도와주지 않았고(4:6), 오히려 궁지에 몰린 친족의 처지를 이용하여 자신들의 부를 축적하려는 이기심으로 가득했다(4:4-6). 율법이 정한 가난한 사람, 과부, 이방인들의 몫인 이삭을 주울 수 있는 권리마저도 주인으로부터 거절당하고, 땅 주인의 호의와 동정심에 기대를 걸어야 했다(2:2). 이런 상황으로 인해 이스라엘 공동체는 해체될 위기에 직면해 있었다.

이때 룻기의 저자는 나오미와 룻과 보아스가 서로를 배려하고 서로에게 사랑을 베푸는 모습을 통해 자기 시대 백성들에게 하나님의 사랑(헤세드)으로 서로를 감동시키는 삶을 살라고 권고하였다. 하나님을 그 마음에 왕으로 삼고 사는 자는 자기에게 이익이 되는 대로만 행하는 사람이 아니라, 하나님의 요구와 명령에 따라 서로에게 사랑을 베풀고 서로를 배려하며 사는 사람이라고 말한다. 나오미와 룻과 보아스는 그러한 사랑을 나누며 살았기에 하나님의 사랑을 받았고, 축복을 누리게 되었다고 말한다. 만일 그렇게 살지 못한다면 하나님의 백성답게 살지 못하는 것이요, 하나님을 왕으로 섬기지 않는 것이며, 자기 소견에 옳은 대로만 행하는 사람이요, 하나님과는 관계 없는 사람이라고 말한다. 그리고 묻는다. 너희는 어떻게 살고 싶은가? 하나님을 왕으로 섬길 것인가? 아니면 자기 소견에 옳은 대로 행할 것인가? 사랑으로 남을 감동시키는 삶을 살 것인가, 타인을 불편하게 하는 삶을 살 것인가? 나오미와 룻과 보아스를 통해 자신을 성찰해 보고 그리스도인으로서 하나님의 백성답게 살라고 권한다.

우리는 어떠한가? 우리는 이러한 사랑을 나누고 있는가? 과연 우리는 우리를 위해 쏟아주신 하나님의 사랑을 알기나 하는 것일까? 하나님의 사랑을 알고, 그 사랑으로 인해 우리가 서로 감동받고, 남을 감동시키며 살고 있는 것일까? 룻기의 저자는 오늘을 사는 우리에게도 같은 질문을 던지고 있다.

# 예배

**룻기** 3:14-18

룻이 시어머니에게 가니 그가 이르되
내 딸아 어떻게 되었느냐 하니
룻이 그 사람이 자기에게 행한 것을 다 알리고 이르되
그가 내게 이 보리를 여섯 번 되어 주며 이르기를
빈손으로 네 시어머니에게 가지 말라 하더이다 하니라
이에 시어머니가 이르되
내 딸아 이 사건이 어떻게 될지 알기까지 앉아 있으라
그 사람이 오늘 이 일을 성취하기 전에는
쉬지 아니하리라 하니라

## 인생의 여백, 그리고 기다림

보아스와 밤새도록 이야기를 나눈 룻은 이른 새벽에 잠자리에서 일어난다. 그때 보아스는 룻의 겉옷을 펴게 한 다음 보리를 여섯 번 되어 룻에게 지워주고 성읍으로 들어가게 한다. 집으로 돌아오자 기다리던 시어머니 나오미가 묻는다. "내 딸아 어찌게 되었느냐?"(룻 3:16) 룻이 그날 밤 있었던 일과 보아스가 자기에게 행한 일을 다 알리면서 "그가 내게 이 보리를 여섯 번 되어 주며 이르기를 빈손으로 네 시어머니에게 가지 말라 하더이다"(룻 3:17)라고 한다. 그러자 시어머니는 "내 딸아 이 사건이 어떻게 될지 알기까지 앉아 있으라 그 사람이 오늘 이 일을 성취하기 전에는 쉬지 아니하리라"(룻 3:18)고 당부한다.

이 내용에서 두 가지 사실에 주목해야 한다. 하나는 보아스가 룻에게 보리를 여섯 번 되어 주었다는 것이고, 다른 하나는 시어머니가 "이 사건이 어떻게 될지 알기까지 앉아 있으라"고 당부했다는 것이다. 이것이 시사하는 바는 무엇인가?

### '6'이라는 숫자가 의미하는 것

이 짧은 본문에서 '보리를 여섯 번 되어 주었다'는 말이 두 번이나 반복된다. 특이한 사실은 룻이 시어머니에게 보고하는 내용 가운데 보아스가 행한 일을 자신의 입장에서 정리하여 전달하지만, '보리를 여섯 번 되어 주었다'는 것과 '빈손으로 시어머니에게 돌아가지 말라'

고 했다는 말만큼은 상세히 전했다는 것이다. 여기에는 분명 어떤 의도가 담겨 있다. 그 의도는 무엇일까?

우선 '여섯'이란 의미부터 생각해보자. 이스라엘 사람들에게 숫자는 대단히 중요한 의미를 갖는다. 1은 하나님을 가리키고, 2는 사람을 가리키며, 3은 하늘을 가리킨다. 4는 땅(이 세상)을 가리키고, 5는 은혜요, 6은 모자람을 의미한다. 7은 하늘(3)과 땅(4)을 합한 수로서 완전수이다. 7은 비할 수 없이 크다는 뜻으로 하늘과 땅을 합할 만큼 완전하고 충만한 수를 가리킨다. 이 완전한 수에서 하나가 모자라면 부족한 수가 된다. 그래서 6은 모자라는 수이다.

사실이 이렇다면 보아스가 보리를 여섯 번 되어 주었다는 것에는 분명히 그럴 만한 이유가 있는 것 아닐까? 룻은 이러한 사실을 감지하고 다른 말들은 자신의 입장에서 다시 정리하여 전하지만, 보리를 여섯 번 되어 주었다는 말은 고스란히 전한 것이다. 여섯이란 숫자에 더 깊은 의미가 있을 것으로 여겼기 때문이다. 보아스가 보리를 여섯 번 되어 주었다는 것에는 어떤 뜻이 담겨 있을까?

이스라엘의 '안식년 규례'(출 23:10, 11, 레 25:2-7, 20-22, 신 15:1-15)에 따르면 6년은 봉사와 수고의 기간이요, 7년째 되는 해는 안식과 해방의 해이다. 그러므로 보아스가 룻에게 여섯 번 보리를 되어 주었다는 것은 수고와 노역의 긴 기간이 이제 모두 끝나게 되었음을 암시한다고 볼 수 있다. 룻은 그 사실을 미처 깨닫지 못했지만 나오미는 룻으로부터 그 이야기를 전해 듣는 순간 이 의미를 깨달았다. 룻이 "그가 내게 이 보리를 여섯 번 되어 주며 이르기를 빈손으로 네 시어머니에게 가지 말라 하더이다"(룻 3:17)라고 하자, 곧이어 나오미가 "내 딸아 이 사건이 어떻게 될지 알기까지 앉아 있으라 그 사람이 오늘 이 일을 성취하기 전에는 쉬지 아니하리라"(룻 3:18)고 반응한 것이 이를 증명한다.

보아스가 보리를 여섯 번 되어 주었다는 것은 보아스도 나오미의 계획에 순순히 응할 용의가 있다는 뜻이고, 나오미는 보아스의 행위를 통해 그가 조만간 약속을 이행할 것을 믿게 되었다. 보아스는 보리를 여섯 번 되어 줌으로써, 지금은 수고하고 고난 받는 고통의 기간이지만 머잖아 안식할 날이 오게 될 것이라는 뜻을 나오미에게 전달한 것이다.

룻 역시 보아스의 그러한 행동의 숨은 뜻을 분명히 파악한 것은 아니지만 특별한 의미가 있을 것이라 여기고 그 부분에 대해 자세히 전달했다. 룻기 3:16은 "룻이 시어머니에게 가니 그가 이르되 내 딸아 어떻게 되었느냐 하니 룻이 그 사람이 자기에게 행한 것을 다 알리고"라고 했다. 이어 17절에서 "그가 내게 이 보리를 여섯 번 되어 주며 이르기를 빈손으로 네 시어머니에게 가지 말라 하더이다"라고 전했다. 룻기의 저자는 3:16에 '룻이 그 사람이 자기에게 행한 것을 다 알렸다.'고 기록하고서도 17절에서 이 대목을 더 상세히 전달한다. 나오미는 이와 같은 며느리의 이야기를 듣고 보리 여섯 되를 되어 준 보아스라면 분명히 나머지 한 되, 곧 일곱 수를 채워 진정 풍족과 안식을 줄 것이란 뜻을 읽어낸 것이다.

### '빈손으로'라는 뜻

룻기 3:17의 '빈손으로'라는 말도 특별한 의미가 있다. 룻기 1장을 보면 모든 것을 상실하고 고향으로 돌아온 나오미를 향해 베들레헴 사람들이 "이이가 나오미냐"(룻 1:19)하고 묻자, "나를 나오미라 부르지 말고 나를 마라라 부르라 이는 전능자가 나를 심히 괴롭게 하셨음이라 내가 풍족하게 나갔더니 여호와께서 내게 비어 돌아오게 하셨느니라"(룻 1:20-21)고 하였다. 나오미가 남편을 따라 베들레헴을 떠날 때는 풍족했으나 하나님이 징벌하셔서 자신을 '빈손으로' 돌아오게 하셨다는 것이다.

그러나 보아스가 룻에게 보리를 여섯 번 되어 주며, "빈손으로 네 시어머니에게 가지 말라"(룻 3:17)고 했다는 말을 듣는 순간 나오미는 지난날에 신음하며 탄식하던 그의 부르짖음을 하나님이 들으시고 응답하신다는 뜻으로 받아들였다. 나오미는 보아스를 통해 소리 없는 하나님의 음성을 들은 것이다. 지금은 수고의 기간, 고통의 기간이지만 머잖아 안식할 수 있는 때가 올 것이라는 것을 여섯 번 되어 주는 보리 속에서 읽어냈다. 그리하여 나오미는 "이 사건이 어떻게 될지 알기까지 앉아 있으라"(룻 3:18)고 한 것이다.

"이 사건이 어떻게 될지"라고 한 이 구절을 문자 그대로 직역하면 '이 사건이 어떻게 떨어질지'라는 뜻이다. 이 말은 이스라엘의 풍습과 관련이 있다. 그 당시 이스라엘 사람들은 제비뽑기를 통해 하나님의 뜻을 물었다. 요나의 일이나 아간의 일, 사울을 왕으로 세울 때의 일 모두가 그랬다. 제비를 뽑아 땅에 떨어뜨려서 그 결과를 보고 하나님의 뜻을 판단했다.

나오미가 룻에게 "이 사건이 어떻게 될지 알기까지 앉아 있으라"고 한 것은 '이제 남은 일은 하나님께서 하실 것이므로 하나님의 뜻을 기다리라.'는 의미이다. 마치 이스라엘 백성들이 애굽에서 나와 홍해 바다에 이르렀을 때 뒤쫓아 오는 애굽 군병들로 인해 큰 두려움에 빠지자 모세가 백성들에게 "너희는 두려워하지 말고 가만히 서서 여호와께서 오늘 너희를 위하여 행하시는 구원을 보라"(출 14:13)고 한 것처럼, 나오미는 룻에게 '하나님께서 행하시는 것을 이제는 기다리라.'고 한 것이다.

더 이상 나오미와 룻이 할 수 있는 일은 없다. 이제는 잠잠히 기다리는 일밖에 할 일이 없다. 사실 나오미는 이 말을 한 뒤 더 이상 아무 말도, 아무 일도 하지 않았다. 보아스가 룻을 아내로 맞이하여 임신하게 하고 아들을 낳을 때까지 아무런 말이 없었다. 기다림 속에 긴 침묵으로 일관했다.

이것은 우리에게 무엇을 가르치는가? 하나님의 백성으로 살아가는 사람은 모든 것에 대해 자기가 행하지 않는 사람이라는 뜻이다. 하나님의 명령에 순종할 뿐 그 결과에 대해서는 전적으로 하나님께 맡기고 기다려야 한다는 뜻이다. 잠언은 이에 대해 유익한 권면을 한다. 잠언 16:1에 "마음의 경영은 사람에게 있어도 말의 응답은 여호와께로부터 나오느니라"고 했으며, 16:3에는 "너의 행사를 여호와께 맡기라 그리하면 네가 경영하는 것이 이루어지리라"고 했고, 16:9에는 "사람이 마음으로 자기의 길을 계획할지라도 그의 걸음을 인도하시는 이는 여호와시니라"고 했으며, 16:33에는 "제비는 사람이 뽑으나 모든 일을 작정하기는 여호와께 있느니라"고 했다.

왜 모든 것을 하나님께 맡겨야 하는가? 그것은 우리가 하나님을 믿기 때문이다. 하나님이 행하시고, 하나님이 이루실 것을 확신하기 때문이다. 하나님께 모든 것을 맡기고 기다린다는 것은 안절부절 못하고 초조한 마음으로 시간을 보내는 것을 의미하지 않는다. 오히려 기다리는 동안 하늘의 평안과 위로와 마음의 평정을 누리는 것을 의미한다. 우리 인생의 주인이시요, 주체이시며, 주관자이신 하나님께 맡겨드림으로 하나님이 활동하실 시간과 공간을 마련해 드리는 것이다. 그 결과에 대해서는 기꺼이 순종하겠다는 믿음과 신뢰로 자신의 마음을 다스리는 것이 신앙의 태도이다.

나오미가 이처럼 "그 사람이 오늘 이 일을 성취하기 전에는 쉬지 아니하리라"(룻 3:18)고 말할 수 있었던 것은 보아스의 성품을 누구보다도 잘 알고 있다는 뜻이기도 하다. 어떤 난관이 닥치더라도 보아스는 룻과의 결혼을 성사할 지혜와 열정과 추진력을 갖춘 사람이라는 것을 나오미는 잘 알고 있었다.

하나님이 보아스를 통해 룻과 나오미의 고난의 삶에 마침표를 찍으시는 이유도 여기에 있다. 하나님은 보아스의 치밀함과 성실함, 그리고 지혜로움을 하나님의 계획을 이루시는 데 사용하셨다. 때문에 나오미는 하나님을 믿었다. 그리고 침묵으로 기다릴 수 있었다. 하나님을 알듯이 보아스를 알고, 보아스를 알듯이 하나님을 알았기 때문이다. 이스라엘 민중들 역시 보아스와 룻, 룻과 나오미로 이어지는 대화 속에서 그들의 기업 무를 자와 구속자가 되시는 하나님의 말씀들을 음미하며 기다려야 한다는 믿음을 가졌을 것이다. 애굽에서 430년을 기다린 그들이었기에 광야 40년과 바벨론 포로 기간 70년, 신구약 중간기 400년 동안을 기다릴 수 있었다. 나오미가 룻에게 "그 사람이 오늘 이 일을 성취하기 전에는 쉬지 아니하리라"(룻 3:18)고 한 것처럼 이스라엘 백성들은 기업 무를 자가 되시는 그 하나님이 반드시 자신들과의 약속을 성취해주실 것이라고 믿었다. 나오미가 보아스를 알고 있는 것처럼 이스라엘 백성들도 자신들의 기업 무를 자가 되시는 하나님을 알았기에 하나님이 그 일을 이루실 것을 믿었다. 때문에 그들은 그 믿음 안에서 하나님의 시간, 하나님의 때, 하나님의 뜻이 성취되기를 기다렸다.

### 인생은 기다리는 것

사무엘 베케트(Samuel Beckett)는 1969년에 『고도를 기다리며』라는 희곡 작품으로 노벨문학상을 받았다. 이 작품은 매우 단조롭고 간단하다. 해가 저물 무렵 어느 시골길에 한 그루의 고목나무가 서 있고 부랑자인 에스트라공이 말썽을 부리는 신발과 씨름을 하고 있다. 그때 지난밤에 헤어진 동행자 블라디미르가 나타나 그리스도와 함께 처형된 도둑의 이야기를 늘어놓는다. 그런데 이 두 사람은 전혀 의미 없는 대사와 동작을 끊임없이 반복한다. 그 사이에 채찍을 든 포조가 무거운 짐을 진 노예 럭키를 끌고 등장하는데 두 사람 역시 두서없는 대화를 나누다가 사라진다.

2막도 1막과 별 차이가 없다. 알 수 없는 모습, 알 수 없는 행동, 알 수 없는 대화만 계속 이어진다. '고도를 기다린다'는 상황 설정만이 반복적으로 이어진다. 고도가 누구인지, 무엇을 의미하는지조차 알 수 없는 상황에서 사내아이가 찾아와 '고도는 오지 않는다'고 전하자 에스트라공과 블라디미르공은 목을 매려다 실패하며 막이 내린다.

그런데 이 작품이 노벨문학상을 받을 만큼 유명해졌다. 노벨문학상 수상자가 발표된 직후 기자들은 극장에서 연극을 공연하고 있는 베케트를 찾아가 물었다. "이 작품은 도대체 무엇을 상징하며, 작품 속에서 고도란 무엇을 가리킵니까?" 그러자 베케트는 "내가 그것을 알았다면 작품 속에서 이미 밝혔을 것입니다."라고 대답했다. 기자들은 다시 묻기를 "그렇다면 그 작품 속에서 우리는 무엇에 주목해야 합니까?"라고 하자 베케트는 "여러분이 극장에서 연극을 보고 한참 웃다가 집으로 돌아가서 무슨 생각을 하시든 그것은 자유입니다."라고 대답했다. 비평가들은 "사무엘 베케트는 기다린다는 기묘한 행동을 통해 인간의 일상 속에 숨어 있는 현대인의 존재론적 불안을 독특하게 묘사했다."고 평가했다. 블리디미르는 정신을, 에스트라공은 육체를 상징하는데 이는 고도가 올 때까지 살 수도, 죽을 수도 없는 인간의 근원적 불안을 표현한다고 해석했다. 『고도를 기다리며』는 인간의 근원적 실존인 기다림을 형상화한 작품이라는 것이다.

베케트는 인간이란 기다리는 존재라고 보았다. 어느 시대, 어느 민족을 막론하고 인간은 기다리는 존재라는 것이다. 그런데 베케트는 누구를, 왜 기다리는지, 그 이유에 대해서는 알지 못한다고 했다. 인간이 기다리는 존재라는 것은 알았으나, 왜 기다리는지 그 이유와 정체에 대해서는 알지 못한다는 것이다.

그러나 성경은 말한다. 인간은 구원받아야 할 존재이고, 그 구원은 그리스도를 통해 이루어진다는 것이다. 때문에 성경의 주제는 기다림이라고 할 수 있다. 구약성경 맨 마지막 절은 "아버지의 마음을 자녀에게로 돌이키게 하고 자녀들의 마음을 그들의 아버지에게로 돌이키게"(말 4:6) 할 자를 기다린다는 것으로 끝을 맺는다. 신약성경 역시 "내가 진실로 속히 오리라"(계 22:20)는 말씀으로 끝을 맺는다.

우리는 그리스도를 기다리는 사람들이다. 왜 그를 기다리는가? 그리스도가 우리의 기업 무를 자이기 때문이다. 그래서 바울은 로마서 8:19-20에서 "피조물이 고대하는 바는 하나님의 아들들이 나타나는 것이니 피조물이 허무한 데 굴복하는 것은 자기 뜻이 아니요 오직 굴복하게 하시는 이로 말미암음이라"고 했다. 8:23은 "그뿐 아니라 또한 우리 곧 성령의 처음 익은 열매를 받은 우리까지도 속으로 탄식하여 양자 될 것 곧 우리 몸의 속량을 기다리느니라"고 했고, 8:25는 "만일 우리가 보지 못하는 것을 바라면 참음으로 기다릴지니라"고 했다. "양자 될 것 곧 우리 몸의 속량"을 위해 그리스도를 기다린다는 것이다.

그런데 나오미는 룻에게 "그 사람이 오늘 이 일을 성취하기 전에는 쉬지 아니하리라"(룻 3:18)고 했다. 기업 무를 자, 그 사람이 하도록 우리는 기다리자는 것이다. 최선을 다했다면 이제는 기다리는 것이 우리가 할 일이라는 것이다. 기업 무를 자가 할 수 있도록 그가 하는 일을 지켜보자는 것이다.

룻기의 저자는 이러한 증언을 통해 하나님의 백성으로 산다는 것이 무엇을 의미하는가를 보여준다. 하나님의 백성으로 산다는 것은 믿음으로 사는 것이고, 사랑을 실천하는 것이며, 소망 가운데 기다릴 줄 아는 사람이라는 것이다. 모든 것을 내가 다 하겠다는 것은 신앙이 아니다. 하나님을 왕으로 섬기는 사람과 자기 소견에 옳은 대로 행하는 사람의 차이는 자신의 삶에 하나님이 개입하실 여백을 얼마만큼 남겨두느냐에 달려 있다. 하나님을 왕으로 섬기는 사람은 하나님이 개입하실 여백을 충분히 남겨두지만, 자기 소견에 옳은 대로 행하는 사람은 그 여백을 남겨두지 않는다.

룻기의 저자가 나오미와 룻을 통해 말하는 것은 기다릴 줄 아는 자가 되라는 것이다. 기다릴 줄 아는 사람이 하나님을 믿는 사람이고, 하나님을 믿는 사람은 기다려야 한다. 기다림은 믿음의 표현이고, 믿음은 기다림 속에 드러나기 때문이다. 그러기에 이스라엘 백성들 역시 혹독한 시련과 고통의 순간들을 견뎌내며 기다렸다. 자신들의 구속자가 반드시 "이 일을 성취하기 전에는 쉬지 아니하리라"(룻 3:18)는 믿음이 있었기 때문에 고난의 긴 여정 속에서도 견뎌냈던 것이다.

우리는 어떤가? 과연 기다리는 자인가? 우리 인생에 하나님이 개입하실 여지를 충분히 남겨두고 있는가? 모든 것을 내가 해야만 안심하고 내가 해야만 마음 편하게 여기지는 않는가? 하나님의 사람은 하나님이 개입하실 여지를 남겨두어야 한다. 하나님의 백성은 기다릴 줄 알고, 하나님이 개입하실 여지가 있어야 한다. 그렇다면 우리는 누구인가? 우리는 어떻게 살고 있는가? 진정 기다릴 줄 아는 사람들인가?

# 제4부

# 하나님의 뜻에 자신을 굴복시키십시오

# 이름

**룻기** 4:1-6

보아스가 성문으로 올라가서 거기 앉아 있더니
마침 보아스가 말하던 기업 무를 자가 지나가는지라
보아스가 그에게 이르되
아무개여 이리로 와서 앉으라 하니
그가 와서 앉으매…
보아스가 이르되 네가 나오미의 손에서 그 밭을 사는 날에
곧 죽은 자의 아내 모압 여인 룻에게서 사서
그 죽은 자의 기업을 그의 이름으로 세워야 할지니라 하니
그 기업 무를 자가 이르되
나는 내 기업에 손해가 있을까 하여
나를 위하여 무르지 못하노니
내가 무를 것을 네가 무르라
나는 무르지 못하겠노라 하는지라

## 이름 없는 자의 선택

룻기에서 처음부터 암시되어온 하나님의 섭리가 구체적으로 나타나는 4장은 세 단락으로 구성되어 있다. 4:1-12는 보아스가 룻에게 약속한 대로 기업 무를 자의 책임을 다하는 과정이고, 4:13-17은 드디어 보아스와 룻이 결혼하여 아들을 낳는 과정을 담고 있으며, 4:18-22는 베레스에서 다윗까지의 계보를 소개하고 있다.

룻기 4장은 다음과 같이 전개된다. 보아스는 전날 밤에 룻에게 약속한 대로(룻 3:13) 기업 무르는 절차를 밟기 위하여 성문으로 올라갔다. 그 당시 성문은 사람들이 친구를 만나기도 하고, 새로운 소식을 논의하기도 하며(창 19:1, 삼하 15:2, 느 8:1), 성읍의 대표인 장로들이 백성들을 만나는 장소이거나, 율법 상의 판결을 내리는 재판정으로 이용되기도 했다. 그러므로 보아스가 성문으로 올라갔다는 것은 그 성읍의 장로들에게 율법 상의 판결을 받으려고 나갔다는 뜻이 담겨 있다.

보아스가 성읍의 장로들에게 판결을 받기 위해 성문에 올라가 앉았을 때 마침 보아스가 부르려고 하던 친척이 그곳을 지나가고 있었다. 보아스는 그를 불러 자리에 앉히고 그들의 문제를 판결해줄 유지 열 사람을 초청했다.

보아스는 열 사람의 성읍 장로들이 모이자 그 앞에서 엘리멜렉의 기업에 관한 내력을 설명했다. '우리의 동기 엘리멜렉의 아내 나오미가 모압에서 돌아와 그 땅의 권리를 팔려고 내놓았는데, 그 땅을 살 수 있는 권리를 가진 사람은 이 사람이고, 이 사람 다음으로는 바로 나인데, 만일 이 사람이 사서 가질 생각이 없다면 내가 사겠소.'라고 했다. 그러자 기업 무를 권리를 가진 엘리멜렉의 친척은 자신이 사서 가지겠다고 했다. 보아스는 즉각 '밭을 사서 넘겨받은 날 고인의 아내인 모압 여자 룻도 맡아서 고인의 이름을 이어 그의 유산을 차지할 후손을 낳아주어야 한다.'고 했다. 친척은 '그랬다가는 내 재산만 손해를 보겠다.'며 자신은 '땅만 살 뿐 룻을 아내로 삼아 아이를 낳아 죽은 말론의 대를 잇게 할 생각은 없다.'고 했다. 이어서 기업 무를 권리를 양도한다는 뜻으로 보아스에게 신 한 짝을 벗어주면서 '당신이나 차지하시오!'라고 했다.

보아스는 자신이 기업 무를 권리를 양도받았다는 사실을 성문에 나온 유지들 앞에서 확인받기 위해 '엘리멜렉과 기룐과 말론에게 딸렸던 모든 것을 나오미의 손에서 샀다!'고 공포하고, '당신들은 오늘 이 일의 증인이 되어달라.'고 했다. 보아스는 말론의 아내인 룻까지도 사서 자신의 아내로 삼을 것이며, 죽은 자의 기업을 이을 아들을 낳아줄 것이라고 약속했다.

이 과정을 지켜본 성읍의 유지들과 구경 나온 백성들은 보아스의 다짐을 듣고 세 가지를 축복했다. 첫째는 '룻이 이스라엘 열두 지파의 두 어머니 라헬과 레아처럼 되기를 소망한다.'고 했고, 둘째는 '보아스가 에브랏에서 힘 있는 사람이 되고, 베들레헴에서 명성을 떨치기를 소망한다.'고 했으며, 셋째는 '룻이 다말처럼 되기를 소망한다.'고 했다.

## 이름이 의미하는 것

본문에는 참으로 수수께끼 같은 사람이 등장한다. 그는 룻기 4:1에서 "아무개여"라고 불린 인물이다. '아무개'라고 불린 그 사람은 누구인가? 4:1에서 그에 대해 밝혀준 내용은 '엘리멜렉의 기업을 무를 자'라는 것이 전부이다. 왜 그토록 중요한 인물이 이름 없는 아무개여라고 호칭된 것일까? 정말 그가 이름이 없거나, 그가 누구인지 몰라서 아무개여라고 호칭한 것일까?

보아스가 그의 이름을 몰라서 그렇게 부른 것이라고 여겨지지는 않는다. 왜냐하면 베들레헴은 미가 5:2에서 밝히듯이 유다에서 가장 작은 고을 가운데 한 곳이기 때문이다. 베들레헴은 누구네 집 숟가락이 몇 개인지까지 알 수 있는 조그마한 고을에 지나지 않는다. 그런 곳에서 수십 년을 살아온 마을의 유력자(룻 2:1)가 엘리멜렉의 친족인 기업 무를 자를 몰랐다는 것은 이해가 되지 않는다. 더욱이 보아스가 그를 엘리멜렉과의 관계에 있어서 "나보다 더 가까운 사람"(룻 3:12)이라고 지칭할 만큼 잘 알고 있다는 점에서 그의 이름을 몰랐다는 것은 납득할 수 없다. 그러므로 보아스가 그 사람을 지명하여 부를 때는 그의 이름을 불렀으나, 룻기의 저자가 의도적으로 그의 이름을 생략했을 것으로 보는 것이 더 타당하다. 그렇다면 룻기의 저자는 왜 그의 이름을 생략한 것일까? 거기에는 어떤 목적과 의도가 담겨 있는 것일까?

히브리인들은 이름과 인격이 밀접한 연관이 있다고 생각했다. 어떤 때는 두 가지가 동일한 것으로 간주되기도 했다.(신 12:5, 11, 사 30:27) 룻기는 어느 성경보다도 이름에 대해 관심이 높은 책이다. 저자는 룻기를 처음 서술할 때 한 가족사를 소개하면서 그들 모두의 이름을 적시하고 있는데, 성경에서 한 가족을 소개할 때 가족 전체의 이름을 처음부터 소개한 경우는 매우 드물다. 죽은 가족의 이름까지 소개하는 경우는 더 더욱 없다. 그러나 룻기는 다르다. 저자는 나오미의 가족 이야기를 전하면서 그 가족의 이름을 한 사람씩 모두 소개할 뿐만 아니라 '죽었다'는 것밖에 설명할 것이 없는 사람의 이름까지도 소개했다. 이처럼 룻기에서 이름이 나타내는 의미는 매우 깊다. 더욱이 22절밖에 되지 않는 짧은 4장에서 '이름'이라는 단어가 무려 일곱 번이나 반복적으로 나온다.(룻 4:5, 10, 11, 14, 17)

그런데 인물의 이름을 이토록 의미있게 여기는 저자가 왜 엘리멜렉의 가장 가까운 친척인 기업 무를 자의 이름은 무명으로 처리한 것일까? 아무 일도 없이 죽은 말론이나 기룐보다도 더 중요한 가까운 친척, 기업 무를 자의 이름을 밝히지 않은 이유는 대체 무엇일까?

이에 대한 해석은 분분하지만 그 가운데 가장 타당성 있는 주장은 두 가지이다. 하나는, 룻의 남편이 될 뻔한 그 사람의 이름을 기록하지 않는 것이 현명하다고 판단하여 의도적으로 그렇게 한 것이라는 해석이다. 다른 하나는, 굳이 그 사람의 이름을 밝힐 필요가 없다고 생각하여 기록하지 않았을 것이라는 해석이다.

첫 번째 해석은 이 이야기가 수백 년이 지난 후 그의 후손들이 번창한 다음에 기록된 것으로서, 그 사람의 후손들의 기분을 상하게 할 필요가 없다는 추측에 기인한다. 이스라엘의 공동체는 서로 긴밀하게 연결되어 있기 때문이다. 이스라엘 백성은 한 혈통에서 출발한 운명 공동체이기도 하지만 지파나 가문이 서로 경쟁적 관계라는 것도 부인할 수 없다. 여기에는 그 후손들의 자존심과 명예가 걸려 있다.

생각해보라! 보아스는 룻과 결혼하여 다윗의 왕가를 이루었다. 반면에 룻과의 결혼을 거부한 그 당사자는 어떻게 되었는가? 자신에게 찾아온 좋은 기회를 거부함으로써, 자손 대대로 비웃음을 당하게 되었다. 역사에 가정이 없다고 하지만 만일 기업 무를 자가 자신에게 주어진 그 책임과 의무를 주저 없이 선택했다면 이스라엘 역사는 달라졌을 것이다. 후손들은 이름 없는 선조에 대해 많이 원망할 수 있고, 다른 지파 사람들로부터도 지탄받았을 수 있기 때문에 룻기의 저자는 그 후손들의 체면을 살려주기 위해 고의적으로 그의 이름을 언급하지 않았을 것이라는 주장이다.

두번째 해석은 그 사람이 사실상 별볼일 없는 하찮은 사람으로 여겨졌기 때문에 "아무개여"라고 불렀을 것이라는 주장이다. 그는 마땅히 기업 무를 자로서 자신의 의무를 감당해야 할 사람이었는데도 자신에게 부여된 의무를 이행하지 않았다. 기업 무를 자로서 죽은 친척의 기업을 그 사람의 이름으로 잇게 해야 했음에도 불구하고 그렇게 하지 않은 것이다. 그 사람은 자신에게 부과된 의무를 거부함으로써 그 자신이 이스라엘의 역사에서 무명인으로 남게 되었다.

이름이 기록되는 것과 무명인으로 남는 것에는 어떤 차이가 있을까? 창세기 2:19에 "여호와 하나님이 흙으로 각종 들짐승과 공중의 각종 새를 지으시고 아담이 무엇이라고 부르나 보시려고 그것들을 그에게로 이끌어 가시니 아담이 각 생물을 부르는 것이 곧 그 이름이 되었더라"고 했다. 여기서 이름을 짓는다는 것은 이름 짓는 이의 소유나 그와의 관계를 의미한다. 하나님이 아담에게 이름을 짓게 했다는 것은 각 생물을 아담의 소유가 되게 했다는 뜻이다.

따라서 이름이 없다는 것은 관계가 없다는 뜻이다. 성경에서 이름 없는 사람이 되는 것은 하나님과 관계가 없는 사람이 되는 것이다. 그러기에 이름 없는 이 사람은 자기의 소견에 옳은 대로 행함으로써 하나님을 왕으로 섬기지 않는 사람이 된 것이다. 자신에게 주어진 책임과 의무를 거부함으로써 스스로 하나님과의 관계 밖에 있는 사람, 하나님의 관심 밖에 있는 사람이 되고 만 것이다. 그의 잘못된 선택과 하나님의 계명에 대한 거부가 결국은 하나님의 계획 속에서 제외될 뿐만 아니라, 이스라엘의 역사에서 도태되는 비극을 초래하고 만 것이다.

## 그가 비난의 대상이 될 수는 없다

그렇다면 그 이름 없는 자가 비난받을 만큼 잘못된 행위를 한 것일까? 과연 그의 선택과 양보가 이스라엘 역사에서 무명인으로 남아야 할 만큼 큰 잘못이었을까? 전통적인 해석에서는 대체적으로 기업 무를 자의 행위를 잘못된 선택이며 잘못된 결단이라고 간주한다. 자신의 이름과 이익만을 생각할 뿐 자신의 친족인 룻과 엘리멜렉의 가문에 대한 관심은 전혀 없었다는 점에서 부당한 처사였다고 본다.

물론 이와 같은 전통적인 해석을 무시할 수는 없다. 그가 자신의 친족인 룻과 엘리멜렉의 가문에 대한 관심은 전혀 없이, 자신의 이름과 이익만을 생각했다는 점은 부인할 수 없는 사실이다. 이 이름 없는 사람은 "나는 내 기업에 손해가 있을까 하여 나를 위하여 무르지 못하노니 내가 무를 것을 네가 무르라"(룻 4:6)고 했다. 거절 이유가 '내 기업에 손해가 있을까 하여 무르지 못하겠다.'는 것이다.

이스라엘 희년의 법(레 25:25-28)에 의하면 어떤 사람이 다른 사람에게 땅을 팔아도 희년이 되면 도로 찾을 수 있었다. 그러므로 기업 무를 권리를 가진 자가 단순히 후손이 없는 나오미의 기업만 무르게 된다면 자기에게 유익이 된다. 그러나 상속자가 있는 경우는 다르다. 계대결혼법에 의하면 비록 자신이 취한 여인에게서 낳은 아들이라 하더라도 전 남편의 이름으로 그 기업의 땅을 잇게 해야 하기 때문이다. 그러므로 이 사람은 룻과 나오미에게 후손이 없다는 사실을 알고 선뜻 "무르리라"(룻 4:4)고 했지만, 보아스의 설명을 듣고 난 후 재빨리 마음을 바꾸어 그 권리를 포기한 것이다.

앞에서 살펴본 대로 전통적인 해석에서는 이 사람의 행위에 대해 아주 잘못된 선택이고 자신의 의무와 책임을 회피하는 비겁한 사람이라고 비판했다. 그러나 과연 그의 선택이 손가락질받고 비난당할 만한 과오인가에 대해 되짚어볼 필요가 있다.

자신이 불이익을 당하고 손해 볼 것을 감수하고도 그 같은 선택을 한 사람에 대해 잘했다고 박수 쳐줄 사람이 얼마나 될까? 우리 자신의 일이라면 그렇게 할 수 있겠는가? 자신의 기업에 손해 당할 것이 뻔한데 그래도 괜찮다며 그것을 받아들일 사람이 과연 있을까? 이런 정서가 만연하다면 그 사람은 오히려 현실적인 선택을 한 사람이라고 변호해주어야 할 것이다. 왜냐하면 그 사람은 모두가 공감하는 상식적인 선택을 했기 때문이다.

그런데도 그에 대해 전통적인 해석에서는 부정적인 평가를 하는 이유는 무엇일까? 이유는 간단하다. 그 사람은 하나님의 선한 율법을 자신의 이익을 위한 수단으로 활용하려고 했기 때문이다. 하나님은 이스라엘을 하나님의 백성으로 지키고 보존하려는 뜻에서 기업 무를 자 곧 고엘의 제도를 세우셨다. 자기 형제나 근족이 어려움에 처했을 때 그것을 해결해주어야 한다는 뜻에서 상실한 땅을 회복해주고(레 25:25-28), 형제가 가난하여 종이 되었을 때 그를 구속해주어야 한다는 규범(레 25:47-49)을 정하신 것이다.

기업 무를 자, 고엘의 제도를 제정한 목적은 바로 이것이다. 언약의 백성이 땅을 상실함으로써 어느 한 사람이라도 언약의 백성의 반열에서 떨어져 나가는 것을 방지하고, 하나님의 구속으로 자유인이 된 하나님의 백성이 다시는 남의 종이 되지 못하게 하기 위한 것이었다. 그런데 그것을 어떻게 자기의 소유를 늘리고 재산을 축적하는 일에 악용할 수 있단 말인가? 하나님께서 주신 의무가 이윤과 이해득실에 따라 선택이 가능한 문제인 것인가? 이는 언약의 백성을 지키기 위한 하나님의 뜻이고 명령이자 규정인 것이다. 선택의 문제가 아니라 필수적인 문제이다. 하나님의 선한 율법의 뜻을 자신의 소유를 늘리고, 재산을 축적하는 도구로 활용하려 했다는 점에서 이 사람의 행위는 비판을 받은 것이고, 자신에게 손해가 되건 그렇지 않건 간에 하나님의 명령이라면 거기에 따라 살아야 할 사람이 하나님의 뜻보다 자기 소견에 옳은 대로 생각하고 판단했다는 데 문제가 있다는 뜻이다.

### 자기 소견에 옳은 대로 행한 사람

2장에 등장하는 룻의 동서 오르바의 경우도 이와 같다. 그녀 또한 이름 없는 자와 같이 부정적인 인물로 평가받게 된 것은 오르바가 해서는 안 될 일을 했기 때문이 아니다. 하나님과 이스라엘 백성들 간의 언약에 따라 하나님은 이스라엘의 왕이시고, 이스라엘은 하나님의 백성이라는 언약의 관계를 버렸기 때문이다. 룻기의 주제를 가지고 설명하자면 오르바가 비난받는 이유는 왕이신 하나님의 뜻보다, 자신의 소견에 옳은 대로 행함으로써 하나님을 왕으로 섬기지 않았다는 데 있다.

어떤 사람들은 이러한 사실을 간과하고, 오르바는 시어머니 곁을 떠남으로써 불효를 저지른 사람이라며 그녀를 깎아내린다. 그러나 절대로 그렇지 않다. 앞에서 살펴본 바와 같이 오르바와 룻의 차이는 효성이 아니라 신앙이었다. 누가 더 시부모를 잘 섬겼느냐가 아니라, 누가 하나님의 품안으로 들어왔느냐의 문제였다.

오르바에 대해 룻기가 문제삼고 있는 것은 원칙과 상식을 벗어났기 때문이 아니라, 4장에 등장하는 '이름없는 자'와 같이 오히려 원칙과 상식을 벗어나지 못했기 때문이라는 사실에 주목해야 한다. 이 두 사람은 원칙과 상식을 뛰어넘는 하나님의 법 정신, 하나님의 구원 계획, 이 세상에 대한 하나님의 간절한 요구에 부응하지 못했다. 그들은 어느 누구나 일상적으로 선택하는 수준에 머문 것이다.

우리 역시 많은 선택의 기로에 서게 된다. 그럴 때마다 우리는 어떤 선택을 하고 있는가? 왕이신 하나님의 명령에 순복하는가? 아니면 우리 자신의 소견에 옳은 대로만 행하려고 하는가? 그 선택이 우리를 오르바와 룻, 이름 없는 자와 보아스로 갈라놓게 할 것이다. 상식을 넘어선 룻과 보아스! 일반적인 생각을 넘어서지 못한 오르바와 이름 없는 자! 이들 중 우리는 누구와 같은 선택을 하는가? 그 결과에 따라 하나님의 역사에 이름을 올릴 수도 있고, 도태될 수도 있다. 우리는 어떤 사람인가? 이름 없는 자인가, 이름을 가진 자인가?

이름이 없다는 것은 관계가 없다는 뜻이다. 성경에서 이름 없는 사람이 되는 것은 하나님과 관계가 없는 사람이 되는 것이다.

# 섬김

**룻기** 4:7-12

보아스가 장로들과 모든 백성에게 이르되
내가 엘리멜렉과 기룐과 말론에게 있던 모든 것을
나오미의 손에서 산 일에 너희가 오늘 증인이 되었고
또 말론의 아내 모압 여인 룻을 사서
나의 아내로 맞이하고
그 죽은 자의 기업을 그의 이름으로 세워
그의 이름이 그의 형제 중과 그 곳 성문에서
끊어지지 아니하게 함에
너희가 오늘 증인이 되었느니라 하니…

## 하나님의 백성으로 산다는 것

보아스의 선택과 결단이 주목을 받게 된 이유는 무엇인가? 룻기 4:4는 보아스가 기업 무를 자에게 권유하는 대목이다. "내가 여기 앉은 이들과 내 백성의 장로들 앞에서 그것을 사라고 네게 말하여 알게 하려 하였노라 만일 네가 무르려면 무르려니와 만일 네가 무르지 아니하려거든 내게 고하여 알게 하라 네 다음은 나요 그 외에는 무를 자가 없느니라 하니 그가 이르되 내가 무르리라."(룻기 4:4) 이 말은 보아스가 '아무개여'라고 불린 이름 없는 자에게 나오미 집안 땅의 권리를 사라고 권유한 대목이다. 만일 이름 없는 자가 자신에게 부여된 책임과 의무를 이행하지 않으면 보아스 자신이 그를 대신하여 사겠다고 했다. 이 말을 듣고 이름 없는 자가 자신이 사겠다고 하자, 보아스는 그에게 계대결혼법의 의무도 져야 할 것임을 알려주었다. "네가 나오미의 손에서 그 밭을 사는 날에 곧 죽은 자의 아내 모압 여인 룻에게서 사서 그 죽은 자의 기업을 그의 이름으로 세워야 할지니라."(룻 4:5) 이러한 제안에 대해 기업 무를 권리를 가진 이름 없는 자는 "나는 내 기업에 손해가 있을까 하여 나를 위하여 무르지 못하겠노라"(룻 4:6)고 거절했다. 나오미의 소유지를 무르는 일은 자신에게 유익이 되지만, 룻과 결혼하여 아들을 낳게 되면 그 권리가 아들에게로 넘어가기 때문에 투자한 돈을 날리게 되므로 이 이름 없는 자는 계산 끝에 자신의 권리를 행사하지 않겠다고 한 것이다.

## 보아스의 선택

그러나 보아스는 달랐다. 이익을 떠나 자신이 기업 무를 권리를 행사하겠다고 했다. 이름 없는 자와 달리 보아스는 자신의 손해를 감수하고라도 자신에게 주어진 권리를 행사하겠다고 한 것이다. "내가 엘리멜렉과 기룐과 말론에게 있던 모든 것을 나오미의 손에서 산 일에 너희가 오늘 증인이 되었고 또 말론의 아내 모압 여인 룻을 사서 나의 아내로 맞이하고 그 죽은 자의 기업을 그의 이름으로 세워 그의 이름이 그의 형제 중과 그 곳 성문에서 끊어지지 아니하게 함에 너희가 오늘 증인이 되었느니라."(룻 4:9-10)

이처럼 보아스는 이름 없는 자와 달리 자신의 손해를 감수하고라도 그 권리를 사겠다고 한 것이다. 그리고 룻은 모압 여인으로 말론의 아내였음을 밝히고, 그와의 사이에 낳게 될 아이는 자신이 무른 그 기업의 상속자가 되어 그가 말론의 기업을 잇게 할 것이라고 했다. 그리고 보아스는 '여러분이 오늘 이 일의 증인'이라는 말로 자신의 분명한 의지를 여러 사람 앞에서 공적으로 밝혔다. 이 말을 듣고 현장의 모든 사람이 "우리가 증인이 되나니 여호와께서 네 집에 들어가는 여인으로 이스라엘의 집을 세운 라헬과 레아 두 사람과 같게 하시고 네가 에브랏에서 유력하고 베들레헴에서 유명하게 하시기를 원하며 여호와께서 이 젊은 여자로 말미암아 네게 상속자를 주사 네 집이 다말이 유다에게 낳아준 베레스의 집과 같게 하시기를 원하노라" (4:11-12)고 축복했다.

왜 현장에 있던 모든 사람이 보아스를 축복했을까? 보아스의 어떤 점이 여러 사람으로부터 축복받게 한 것일까? 왜 현장에 있던 모든 사람은 보아스뿐만 아니라 룻에게까지 축복했을까? 이방 여인을 아내로 맞아들여 손가락질받을 수도 있는 상황에서 어떻게 이 같은 축복을 하게 된 것일까?

보아스와 룻의 선택을 이름 없는 자와 오르바의 선택과 비교해보면 그 이유를 금세 알 수 있다. 이름 없는 자와 오르바는 선택의 기로에서 모든 사람이 택하는 상식적인 선택을 했다. 그들은 결코 해서는 안 될 일을 선택한 것이 아니라, 누구라도 그렇게 선택할 수밖에 없는 상식적인 선택을 한 것이다. 이들 두 사람은 비난받을 일을 한 것이 아니다. 제정신을 가진 사람이라면 누구든지 오르바나 이름 없는 자와 같이 행동할 것이다. 그들은 매우 정상적인 행동, 정상적인 선택을 했다.

하지만 보아스와 룻은 달랐다. 그들은 손해(보아스)와 위험부담(룻)을 감수하고, 자신을 희생하면서, 상식을 넘어서서 연약한 이웃에 대한 사랑과 충성을 보였다. 룻은 오르바와 동일한 처지에 놓여 있음에도 불구하고 시어머니의 곁에 남기로 결심했고, 보아스는 기업 무를 자와 같은 조건이었음에도 불구하고 엘리멜렉의 소유지를 사서 그의 후손으로 상속자가 되게 하겠다고 했다. 이들의 선택은 사람들이 상식적으로 선택할 수 있는 것 그 이상의 일을 행한 것이다. 두 사람이 사회적 신분과 경제적 여건은 달랐어도 각기 다른 위치에서 남들이 기대한 것 그 이상을 해낸 것이다.

그들은 모두 베풀었고, 둘 다 자신이 할 수 있는 한 최선을 다했다. 룻은 시어머니인 나오미에게 최선을 다하여 하나님의 사랑(헤세드)을 베풀었고, 보아스는 과부가 된 룻과 나오미에게 하나님의 사랑(헤세드)을 베풀었다. 하나님의 율법을 문자적으로 해석한 것이 아니라, 율법의 정신을 해석하여 바르게 섬겼다. 자신의 손해를 감수하면서 가난한 형제의 상실한 땅을 찾아주고(레 25:25-28), 형제가 종이 되었을 때 그를 구속해줌으로써(레 25:47-49) 하나님의 백성들이 언약의 공동체에서 떨어져 나가지 않게 해주는 결단을 한 것이다.

보아스가 이름 없는 근족, 곧 그 기업 무를 자에게 고엘의 의무 외에도 계대결혼법까지 제안한 이유가 바로 이것이다. 기업 무를 자, 곧 고엘 제도의 의무는 사실상 죽은 자의 대를 이어주는 계대결혼의 의무까지 포함하지는 않았다. 신명기 25:5-10에 기록된 계대결혼은 죽은 형 또는 동생의 아내와 혼인하여 죽은 자의 후사를 이어줌으로써 죽은 형제의 이름이 끊어지지 않게 하기 위해 고안된 제도로, 결혼의 조건은 "동거하는 데"(신 5:5)로 한정시키고 있다. 근족들에게 '기업 무를 의무'는 제시되어도 계대결혼의 의무까지 규정하지는 않았던 것이다. 그런데도 보아스는 이를 요구했다. 보아스가 이름 없는 자에게 계대결혼까지 요구한 이유는 나오미와 룻이 인간다운 삶을 살도록 하기 위해서는 고엘의 제도는 물론이거니와 계대결혼까지 행해져야 한다고 보았기 때문이다.

## 자기 소견을 넘어선 선택

여기서 분명히 기억해야 할 것은 계대결혼은 본래 죽은 자의 형제에게 부여된 규정이라는 점이다. 이는 형제 외의 친족에게까지 적용되지는 않았다.(신 25:5-6) 그런데 보아스는 계대결혼을 친족에게까지 확대 해석하여 요구했다. 다시 말해 고엘의 제도나 계대결혼제도에 대하여 문자적으로 해석한 것이 아니라, 제정의 근본정신인 하나님의 뜻에서 해석하여 그것을 요구한 것이다. 이러한 요구는 나오미와 룻이 고엘의 제도만으로는 기업을 지켜낼 수 없을 뿐만 아니라, 언약의 백성에서 떨어져 나갈 위험으로부터 보호받을 수 없다고 보았기 때문이다. 고엘의 제도는 가난한 형제가 땅을 상실했거나(레 25:25-28), 남의 종이 되었거나(레 25:47-49), 언약의 공동체에서 떨어져 나갈 위험에 처한 사람을 위하여 제정한 규정이었다. 그러나 나오미와 룻이 기업을 지켜내기 위해서는 고엘의 제도만으로는 부족했다. 나오미 때문에 보아스는 대를 잇기 위한 계대결혼을 추가하여 요구한 것이다.

라헬과 레아, 다말은 어떤 사람인가? 라헬과 레아는 야곱의 아내로서 이스라엘의 열두 지파를 형성한 열두 아들의 어머니이다. 자녀의 번성을 최고의 복으로 여기던 시대에 많은 자식을 낳아 한 민족을 이루게 한 조상의 여인들이다. 성읍 사람들은 룻이 그들의 조상과 같은 여인이 되기를 축복했다.

또한 성읍 사람들이 “네 집이 다말이 유다에게 낳아준 베레스의 집과 같게 하시기를 원하노라"(룻 4:12)고 한 것은 룻의 행위를 다말의 행위와 비교한 신앙의 행위로 받아들였다는 뜻이다. 다말은 열두 조상 가운데 한 사람인 유다의 며느리이다. 다말은 시아버지 유다가 계대결혼의 의무를 이행하려 하지 않자 기회를 노려 시아버지와 동침하여 자식을 낳은 여인이다. 이와 같은 다말의 행위는 부정한 것이 아니었다. 다말의 행위는 계대결혼법을 이행하지 않으려는 시아버지에게 그 이행을 요구한 것으로서 부정하게 볼 수 없다. 이는 룻이 보아스의 아내가 되려고 한 일 역시 부정한 처사가 아니라는 뜻이다. 때문에 룻과 보아스를 다말과 유다에 비교하여 '다말이 유다에게 낳아준 베레스의 집과 같게 하시기를 원하노라'고 축복한 것이다. 보아스와 룻의 선택과 결단이야말로 하나님의 축복을 받기에 합당하다는 뜻이다. 그들의 선택과 결단은 자신의 희생과 위험을 무릅쓴 선택으로써 마땅히 하나님의 축복을 받을 만하다는 의미이다.

룻과 보아스의 선택을 예수님의 말씀대로 하자면 자기를 부인하고, 자기 십자가를 진 것과 같다.(마 16:24) 이는 속옷을 가지고자 하는 자에게 겉옷까지 벗어주는 것과 같고, 오 리를 함께 가자고 하는 자에게 십 리를 동행해주는 것과 같고(마 5:40-41), 구하는 자에게 주고 꾸고자 하는 자에게 거절하지 않는 것(마 5:42)과 같다. 보아스와 룻은 바리새인보다 나은 의를 행한 것으로(마 5:20), 마땅히 축복받을 만하고 하나님의 백성이 될 만하다는 것이다.

## 하나님을 왕처럼 섬긴다는 뜻

룻기는 대조적인 두 인물구조를 통해 상식을 초월한 룻과 보아스가 얼마나 영웅적인 선택을 했고, 얼마나 하나님 앞에 충성스러운 선택을 한 것인가를 부각시키고 있다. 보아스와 룻의 선택은 왕이신 하나님의 요구와 명령에 따른 것이고, 이름 없는 자와 오르바의 선택은 자기의 소견에 옳은 대로 행한 것이었음을 드러낸다. '베풀 수만 있으면 남에게 베풀어라! 서로 돕고, 서로 사랑하라! 룻과 같이 사랑하고, 보아스와 같이 베풀라!'는 것이 룻기의 가르침이고, 룻기는 보아스와 룻을 통해 '이런 삶이야말로 하나님의 백성으로 사는 삶!'이라고 말한다.

그런데 문제는 이렇게 사는 것이 그리 쉬운 일이 아니라는 것이다. 어떻게 그들처럼 상식을 초월해서, 자신의 손해를 감수하면서까지 남을 배려하며 살 수 있단 말인가? 정상적인 사람은 그렇게 살 수 없다. 바보가 아니고서야 절대로 그렇게 살 수 없다.

그러나 룻기의 저자는 이러한 삶의 자세가 고난에 처한 민족과 국가를 구하고, 부패한 사회를 구할 수 있다고 말한다. 사람들에게는 미련하게 보이고, 바보 같아 보이고, 어리석게 보이지만, 하나님이 계획하시고 하나님이 꿈꾸는 하나님의 나라는 이런 사람들로 인해 이루어져간다는 것이다. 바로 그것을 알려주기 위해 보아스와 룻을 등장시켰고, 그 길이 위험이 되고 손해가 된다 하더라도 그것을 감수하고 그렇게 살라는 것이다. 그것이 하나님의 백성으로 사는 자의 삶이라는 것이다.

때문에 룻기에 등장하는 보아스와 룻은 하나님의 백성으로 사는 자의 모델로서 자신의 모든 유익을 포기하고 목숨까지 버리신 예수 그리스도의 삶을 보여주었다. 이스라엘 백성들이 꿈꾸는 하나님의 왕국은 이와 같이 사는 사람들로 인해 이루어질 수 있음을 보여주는 것이다.

성경에 등장하는 신앙의 위인들은 한결같이 보아스나 룻처럼 모자라고 바보 같은 사람들뿐이다. 스데반이 그렇고, 바울이 그렇다. 성경뿐이 아니다. 문학이 제시하는 인물상도 마찬가지다. 도스토예프스키는 르낭(J. E. Renan)의 『예수의 생애』(*Life of Jesus*)를 읽고 깊은 영감을 받아 『백치』를 발표했다. 이 소설에서 도스토예프스키는 예수님을 모델로 므이스킨 공작이라는 인물을 그려냈다. 한없이 착하고 순수하고 사랑이 넘치지만 백치에 가까운 주인공 므이스킨 공작을 통해 그 같은 인물이야말로 병든 러시아, 망해가는 러시아를 구원할 수 있다고 서술했다.

도스토예프스키뿐만이 아니다. 다른 문학가들도 마찬가지다. 세르반테스(Saavedra)가 쓴 『돈키호테』의 주인공 돈키호테가 그렇고, 톨스토이의 우화 속에 자주 등장하는 바보 이반이 그렇다. 나도향의 『벙어리 삼룡이』에 나오는 삼룡이나, 계용묵이 쓴 『백치 아다다』의 주인공 아다다도 마찬가지다. 이들은 하나같이 모자라고, 어리석고, 손가락질받는 백치거나 바보이다. 눈물 나도록 순수하고, 착하고, 희생만 당하는 선한 사람들이다. 그런데 이들이야말로 이 세상의 희망이고, 우리가 추구해야 할 인물상이라는 것이다.

세상이 왜 이렇게 어지러운가? 세상이 왜 이렇게 혼란한가? 바보들 때문인가? 못난 사람들 때문인가? 이 세상이 어지러운 것은 못난 사람들 때문이 아니라, 너무 잘난 사람들 때문이다. 이 세상이 혼란스럽고 불의가 득세하는 것은 바보가 많아서가 아니라 똑똑한 사람이 많아서 그런 것이다.

정치를 망치는 것이 누구인가? 바로 정치인이다. 법조계를 망치는 것도 법조인들이다. 언론계를 망치는 것도 전문 언론인들이다. 종교계는 종교인들이 망쳐놓고, 절은 중이, 교회는 목사가, 학교는 선생이 망쳐놓는다. 못나고, 못 배운 바보들이 아니라, 잘나고 똑똑한 사람들이 망쳐놓는 것이다.

룻기는 말한다. 누가 하나님의 백성인가? 하나님의 백성은 이 세상을 어떻게 살아야 하는가? 왜 우리의 문제는 해결이 안 되고, 왜 우리는 나라를 잃고 다른 민족의 종이 되어야만 했는가? 그것은 하나님을 왕으로 섬기지 못하고, 자기 소견에 옳은 대로만 행했기 때문이다. 그러므로 위험을 무릅쓰고 하나님의 날개 아래로 보호를 받으러 온 룻과 같이(룻 2:12), 자신의 손해를 감수하고 기업 무를 자를 자청한 보아스와 같이(룻 4:9-10) 선택하고 행하는 것이 하나님의 백성답게 사는 것이라고 룻기는 말한다.

자신의 유익과 불리에 따라 선택이 달라지는 것은 하나님을 왕으로 섬기는 사람들의 태도가 아니다. 하나님의 계명과 율법까지도 자신의 배를 불리기 위해 악용하는 것은 하나님을 왕으로 섬기는 사람들의 태도가 아니다. 하나님을 왕으로 섬기는 사람들은 자신의 손해도 감수해야 한다. 자신에게 불어닥칠 위험을 무릅쓰고라도 순종하고 그 명령에 따라 사는 것이 하나님을 왕으로 섬기는 자의 삶이고, 하나님의 백성들이 살아가야 할 삶의 방식이다.

우리가 본문을 통해 묵상해야 하는 것이 바로 이것이다. 어수룩하게 살고 손해보고 살라는 것이다. 그런데 우리가 이렇게 살 수 있을까? 예수님처럼, 바울처럼, 스데반처럼 살고 있는가? 부끄럽다. 지고 사는 것이 아니라 이기고 살고, 손해보는 것이 아니라 이득만 취하려고 하고, 비우려고 하는 것이 아니라 채우려고 하고, 나누려고 하는 것이 아니라 거두려고 하고, 놓으려고 하는 것이 아니라 잡으려고만 하는 내 모습이기에 한 없이 부끄럽고 슬프기만 하다.

위험을 무릅쓰고 하나님의 날개 아래로 보호를 받으러 온 룻과 같이(룻 2:12), 자신의 손해를 감수하고 기업 무를 자를 자청한 보아스와 같이(룻 4:9-10) 선택하고 행하는 것이 하나님의 백성답게 사는 것이라고 룻기는 말한다.

# 회복

**룻기** 4:13-15

이에 보아스가 룻을 맞이하여 아내로 삼고
그에게 들어갔더니
여호와께서 그에게 임신하게 하시므로 그가 아들을 낳은지라
여인들이 나오미에게 이르되
찬송할지로다 여호와께서 오늘 네게
기업 무를 자가 없게 하지 아니하셨도다
이 아이의 이름이 이스라엘 중에 유명하게 되기를 원하노라
이는 네 생명의 회복자이며 네 노년의 봉양자라
곧 너를 사랑하며
일곱 아들보다 귀한 네 며느리가 낳은 자로다 하니라

## 하나님께서 그에게 임신하게 하시므로

이 본문은 보아스가 룻을 아내로 맞이하여 드디어 아들을 낳게 되었다는 내용이다. 희망이 없었던 룻이 보아스와 결혼하여 아들을 낳는다. 말론과의 사이에 아들이 없던 룻이 하나님의 은혜로 아들을 낳게 된 것이다. 그러자 이웃 여인들이 나오미에게 찾아와 축복한다. "찬송할지로다 여호와께서 오늘 네게 기업 무를 자가 없게 하지 아니하셨도다 이 아이의 이름이 이스라엘 중에 유명하게 되기를 원하노라 이는 네 생명의 회복자이며 네 노년의 봉양자라 곧 너를 사랑하며 일곱 아들보다 귀한 네 며느리가 낳은 자로다."(룻 4:14-15)

"기업 무를 자가 없게 하지 아니하셨도다"라는 말은 룻이 낳은 그 아들이 법적으로 엘리멜렉의 가문을 이어나갈 상속자가 되었다는 뜻이다. 그러므로 그 아이는 나오미에게 아들처럼 그의 가문이 끊어지지 않도록 이어줄 것이다. "네 생명의 회복자"란 나오미가 죽은 자와 같이 절망적이었으나 룻이 낳은 그 아들로 인하여 생기를 되찾게 될 것이라는 말씀이다. "네 노년의 봉양자"란 나오미에게 손자가 생겼으므로 나오미는 늙더라도 장성한 손자의 봉양을 받게 될 것이라는 이야기이다. "일곱 아들보다 귀한 네 며느리"란 룻이 단순히 아들을 낳았기 때문에 일곱 아들보다 귀하게 여겨진 것이 아니라, 룻이 보여준 지극한 정성과 효성이 오늘과 같은 축복을 가져온 것이라는 칭찬이다. '일곱'이란 숫자는 완전수로, 모든 아들을 다 모아놓아도 룻 한 사람에 미치지 못한다는 뜻이 담겨 있다. 이 축복은 룻에 대한 이웃 여인들의 최상의 찬사이다.

감격한 나오미는 아기를 받아 품에 안고 그를 자신의 양자로 삼는다. 보아스가 룻을 통해 낳은 아들이지만 그는 약속에 따라(룻 4:10) 엘리멜렉의 가문에 속하게 되므로 자신의 양자로 삼은 것이다. 그러자 이웃 여인들이 갓 태어난 아이에게 이름을 지어준다. 계대결혼에 의해 엘리멜렉의 가문을 잇게 될 아이라 하여 그의 이름을 '오벳'이라고 짓는다. 이 말은 '섬기다, 예배하다'는 뜻으로 이웃 여인들은 오벳이 나오미를 봉양하고 섬길 것이라는 점에서 '나오미가 아들을 보았다'는 의미의 오벳이라고 지은 것이다. 이 오벳이 바로 '다윗의 아버지인 이새의 아비'라는 말로 본문은 끝을 맺는다.

## 인생 역전

이 본문은 룻기의 첫 장과 너무 대조적이다. "사사들이 치리하던 때에 그 땅에 흉년이 드니라"(룻 1:1)는 말로 시작된 룻기는 참으로 절박하고 비참한 상황임을 묘사했다. 엘리멜렉과 나오미의 가족은 흉년으로 기근이 들자 굶주리다 못해 식량을 찾아 이국땅으로 이민을 가게 되었다. 그러나 이들 가족의 비극은 거기서 끝나지 않았다. 이국땅에서 남편은 죽고 이방 여인들과 결혼한 두 아들마저 죽었다. 그리고 나오미는 두 며느리와 함께 비통해 하며 기구한 삶을 한탄한다는 것이 1장의 내용이다.

그러나 4장에서는 정반대의 상황이 그려진다. 그들은 굶주리는 대신 풍족하게 되고, 죽음 대신 새로운 생명이 잉태되고, 아들을 잃은 대신 아들을 얻게 되고, 영원히 대가 끊어질 처지에서 대를 잇게 될 상속자를 보장받게 된다. 모압 사람으로 이방인이었던 룻은 천대받는 대신 라헬과 레아처럼 이스라엘 백성의 어머니로서 찬양을 받게 되고, 절망하는 대신 희망이 가득 차게 되고, 타국으로 떠나 땅을 잃어야 했던 것과는 달리 땅과 유산을 회복하고 베들레헴에서 행복하게 살아갈 수 있게 된 것이다.

1장에서는 고향으로 돌아온 나오미가 베들레헴 여인들 앞에서 '나의 이름을 은총이라는 뜻의 나오미라 하지 말고 쓰라리다는 뜻의 마라라 불러달라.'고 했으나, 4장에서는 영 딴판이다. 베들레헴 여인들로부터 칭송을 받고, 나오미란 이름을 다시 회복하고, 한없는 부러움을 사게 되었다. 룻기 4:15를 보라. "이는 네 생명의 회복자이며 네 노년의 봉양자라 곧 너를 사랑하며 일곱 아들보다 귀한 네 며느리가 낳은 자로다"라는 말로 그의 이름이 회복되고, 그의 생명이 회복되고, 그의 인생과 노후가 회복되었음을 알린다. 게다가 이스라엘 다윗왕의 증조모가 되었음을 알리는 것으로 끝을 맺는다. '나는 하나님께 천벌을 받았다.'던 나오미가 하나님께로부터 최고의 축복을 받은 것이다. 첫 장과 마지막 장은 너무나도 대조적이다.

어떻게 이런 변화가 생긴 것일까? 어떻게 운명이 바뀐 것일까? 그들의 운명이 바뀌게 된 근본적인 배경은 한 아기의 출생에 있다고 말한다. 룻기 4:13-14를 보면 "이에 보아스가 룻을 맞이하여 아내로 삼고 그에게 들어갔더니 여호와께서 그에게 임신하게 하시므로 그가 아들을 낳은지라 여인들이 나오미에게 이르되 찬송할지로다 여호와께서 오늘 네게 기업 무를 자가 없게 하지 아니하셨도다"라고 하였다. 룻이 낳은 아들을 통해 베들레헴의 여인들이 나오미에게 축복하기를 "이는 네 생명의 회복자이며 네 노년의 봉양자라"(룻 4:15)고 했다. 이는 룻이 낳은 오벳으로 인해 나오미의 운명이 바뀌게 되었다는 뜻이다.

한때 희망이라고는 아무것도 없이, 오로지 절망밖에 남아 있지 않던 나오미에게 한 아기의 탄생은 큰 구원이 되었다. 모든 것을 잃었다고 자포자기할 그 순간에, 희망이 열리고 새로운 세계가 다시 시작되었다. 쓰라림(마라) 대신에 은총(나오미)이 왔으며, 마라가 아닌 나오미가 된 것이다.

어떻게 그리 된 것일까? 룻이 낳은 아들 덕분이라면 어떻게 룻은 그 아들을 얻게 된 것일까? 이는 우연인가, 아니면 노력의 대가인가? 아니면 하나님의 섭리와 은혜인가? 이것이 바로 우리가 추적해보아야 할 문제이다.

### 우연인가, 섭리인가

룻기는 전체가 85절밖에 되지 않는 짧은 책이지만 그중 3분의 1인 23절에서 하나님에 대해 언급하고 있다. 그러나 그 구절들 속에서 하나님이 친히 언급하시는 말씀이나 하나님의 행동은 찾아보기 어렵다. 하나님의 직접적인 개입이나 역사하시는 손길은 숨겨져 있고, 등장하는 인물들이 주고받는 대화 속에서만 하나님이란 칭호가 나타날 뿐이다. 총 85절의 절반에 이르는 45절이 등장인물들의 대화로 이루어져 있고, 45절의 대화 속에 23절이 하나님에 대해 언급하고 있다.

굳이 따진다면 룻기 1:6과 4:13에서만 하나님의 직접적인 개입을 간략히 언급하고 있다. 1:6은 "여호와께서 자기 백성을 돌보시사 그들에게 양식을 주셨다 함을 듣고"라고 했고, 4:13은 "여호와께서 그에게 임신하게 하시므로 그가 아들을 낳은지라"고 했다. 이 두 구절 외에는 하나님의 개입이나 간섭이나 역사는 모두 숨겨져 있다. 하나님의 섭리와 인도하심으로 해석될 수 있는 사건들조차 '우연'이나 '인간 행동의 결과'로 소개되고 있을 뿐이다.

4:1은 "보아스가 성문으로 올라가서 거기 앉아 있더니 마침 보아스가 말하던 기업 무를 자가 지나가는지라"고 했다. 여기서 '마침'이라는 단어는 히브리어로 '히네이'(behold)인데 그 뜻은 '보라, 자, 드디어'이며 '뜻하지 않게 우연히'라는 의미이다. 4:1의 상황은 보아스가 기다리고 있을 때 마침, 또는 바로 그때에(필요하던 차에, 공교롭게도 바로라는 뜻도 가지고 있다) 기업 무를 자가 나타났다는 것이다.

그런데 이와 같은 표현은 이미 2장에서도 사용된 바 있다. "룻이 가서 베는 자를 따라 밭에서 이삭을 줍는데 우연히 엘리멜렉의 친족 보아스에게 속한 밭에 이르렀더라."(룻 2:3) 룻이 시어머니의 허락을 받아 이삭을 주우러 갔는데 우연히 엘리멜렉의 친족 보아스에게 속한 밭에 이르렀다는 것이다. 여기서 '우연히'란 이 말은 '마침'과 같은 부사로서 '뜻밖에, 어쩌다가'란 뜻을 가지고 있다. 어떤 원인이나 이유가 없이, 뜻하지 않은 일이 저절로 일어났다는 뜻이다.

그런데 그때 보아스가 나타난다. 2:4는 4:1과 같은 표현으로 '마침'이라는 부사를 써서 "마침 보아스가 베들레헴에서부터 와서"(룻 2:4)라고 적고 있다. 이러한 표현을 통해 룻기가 나타내려고 하는 것은 '룻이 이삭을 줍기 위해 밭으로 갔는데 그 밭이 우연히 보아스의 밭이었다는 것'이다. 룻은 그 밭이 어느 누구에게 속한 밭인지 모르고 갔는데 공교롭게도 그 밭은 보아스의 소유였고, 그것은 우연히 일어난 일이라는 것이다.

우리의 눈에는 우연히 일어난 것 같지만 사실상 두 사람의 만남은 우연히 된 일이 아니다. 아직 아무도 눈치채지 못하고 아무도 예상하지 못하고 있지만, 그 배후에는 하나님이 일하신다. 룻이 움직이자 하나님께서도 움직이셔서 보아스를 그곳으로 인도하셨다. 그 뜻이 바로 '우연히'라는 단어와 '마침'이라는 단어 속에 담겨 있다. 두 사람의 만남은 하나님의 보이지 않는 은밀한 간섭 속에 진행되고 있었던 것이다.

이와 같은 맥락에서 "보아스가 성문으로 올라가서 거기 앉아 있더니 마침 보아스가 말하던 기업 무를 자가 지나가는지라"(룻 4:1)라는 말씀 역시 일의 계획과 진행은 보아스가 하지만 결국 그 일의 성사는 하나님의 손에 달렸고, 모든 것을 하나님께서 하신다는 뜻을 나타내고 있다.

그러면 룻기의 저자는 왜 이러한 표현을 쓴 것일까? 분명히 사건의 전개 과정으로 볼 때 룻과 보아스의 만남은 하나님의 섭리와 간섭에 의해 이루어지는 숙명적인 만남이라고 할 수 있다. 그런데도 왜 하나님에 대한 언급을 의도적으로 감춘 것일까? 아무리 보아도 룻과 보아스의 만남은 하나님의 개입에 의해 이루어진 것이고 여기에는 마땅히 하나님의 개입을 찬양하는 간증적인 언급이 필요하다고 여겨지는데, 의도적으로 하나님에 대한 언급을 피하고 그것을 우연히 일어난 일로 표현하는 이유가 무엇이냐는 것이다.

이것이 바로 룻기의 신학적 이해이다. 룻기는 하나님의 개입이나 간섭, 역사를 전면에 나타내지 않는 반면에 등장인물들의 입술로 고백하게 하고, 그들의 삶과 생활을 통해 고백된 하나님의 성품을 드러낸다.

## 하나님의 손길

룻기 2:12는 "여호와께서 네가 행한 일에 보답하시기를 원하며 이스라엘의 하나님 여호와께서 그의 날개 아래에 보호를 받으러 온 네게 온전한 상 주시기를 원하노라"고 했다. 보아스의 말에 의하면 룻은 하나님의 보호를 받으러 온 것이고, 자신의 덕행은 하나님께 속한 것으로서 하나님의 상급에 의한 것이라는 고백이다. 보아스의 고백에 룻 역시 "내 주여 내가 당신께 은혜 입기를 원하나이다 나는 당신의 하녀 중의 하나와도 같지 못하오나 당신이 이 하녀를 위로하시고 마음을 기쁘게 하는 말씀을 하셨나이다"(룻 2:13)라고 화답한다. 뿐만 아니라 하나님은 보아스와 기업 무를 자도 연결시키셔서 모든 일이 순조롭게 이루어지도록 이끌어주셨다.

누가 하셨는가? 모든 것을 하나님이 하셨다. 어떻게 하셨는가? 룻을 보아스와 연결시키시고, 보아스를 기업 무를 자와 연결시키셔서 순조롭게 일을 진행시키신 다음, 룻이 임신하게 하셔서 아들을 낳게 하셨다. 사람이 볼 때 '우연한 일'이 결국은 하나님의 인도하심이었다는 것이다. "마침 보아스가 베들레헴에서부터 와서"(룻 2:4)라는 표현이 보아스의 등장은 우연한 것이 아니라, 하나님의 세밀한 간섭과 계획에 따라 이루어진 일이란 사실을 은연 중 나타내는 것처럼, "보아스가 성문으로 올라가서 거기 앉아 있더니 마침 보아스가 말하던 기업 무를 자가 지나가는지라"(룻 4:1)는 표현 역시 하나님의 세밀한 간섭과 계획에 따라 이루어진 일이라는 사실을 나타내고 있다.

인간 편에서 볼 때 우연한 일이 사실은 하나님의 인도하심이라는 성경의 증언은 룻기에만 있는 것이 아니다. 창세기에 나오는 아브라함의 종과 리브가가 만난 것도 그렇고, 애굽으로 팔려간 요셉이 20년 만에 형들을 만난 것도 그렇다. 창세기 24:12-15를 보면 아브라함의 종은 주인의 명령에 따라 이삭의 배필을 만나기 위해 하나님께 기도하기를 "원하건대 오늘 나에게 순조롭게 만나게 하사 내 주인 아브라함에게 은혜를 베풀어" 달라고 했다. 그 기도가 끊어지기도 전에 리브가가 물동이를 메고 나온다. 아브라함의 종은 자신 기도대로 이루어지는 것을 보고 하나님께 감사의 기도를 드린다. "나의 주인 아브라함의 하나님 여호와를 찬송하나이다 나의 주인에게 주의 사랑과 성실을 그치지 아니하셨사오며 여호와께서 길에서 나를 인도하사 내

주인의 동생 집에 이르게 하셨나이다."(창 24:27)

요셉도 마찬가지다. 동생을 판 일로 두려워하는 형들에게 요셉은 "하나님이 큰 구원으로 당신들의 생명을 보존하고 당신들의 후손을 세상에 두시려고 나를 당신들보다 먼저 보내셨나니 그런즉 나를 이리로 보낸 이는 당신들이 아니요 하나님이시라 하나님이 나를 바로에게 아버지로 삼으시고 그 온 집의 주로 삼으시며 애굽 온 땅의 통치자로 삼으셨나이다"(창 45:7-8)라고 말했다. 이 일은 하나님이 하신 일이지 사람이 한 일은 아니라는 것이다. 그들의 삶 속에 하나님이 개입하셔서 하나님이 진행하신 일이라는 뜻이다.

이러한 이야기들은 모두 각각의 사건들 속에 은밀하게 흐르는 하나님의 역사와 섭리를 담고 있다.

그런데 하나님을 알지 못할 경우 사람들은 하나님의 역사와 섭리에 의해 이루어지는 역사를 운으로 돌리거나, 재수가 좋아서 일어나는 것으로 착각한다. 이렇게 착각하는 이유는 하나님의 역사와 섭리에 의해 이루어지는 일들이 그만큼 자연스럽게 나타나고, 순풍에 돛단 듯 순조롭게 일어나기 때문이다.

이런 점에서 룻기는 남편과 두 아들을 잃은 나오미로 하여금 베들레헴으로 돌아가겠다는 마음을 일으켜주신 분도 하나님이시고, 룻의 마음을 돌이켜주신 분도 하나님이시고, 룻의 마음을 움직여 시어머니와 동행하게 하시고, 이삭을 줍게 하시고, 보아스를 만나게 하시고, 지혜와 용기를 주셔서 보아스의 마음을 움직여 결국에는 그와 결혼하게 하신 분도 하나님이심을 증언한다. 이런 일들이 잘못된 여지도 있었지만 모든 사람과 모든 변수를 움직이셔서 마침내 그들이 결혼하게 하시고, 룻에게 아들까지 허락하신 분이 바로 하나님이시라는 것이다.

여기서 주목해야 할 것은 하나님이 주도권을 잡고 행하시는 한 그 일은 모두 순조롭고 자연스럽게 이루어진다는 사실이다. 그리고 모든 일이 순조롭게 진행되고 있을 때, 그것이 모두 하나님의 은혜와 섭리임을 깨닫고, 하나님께 감사해야 한다는 사실이다. 이것이 그리스도인과 비그리스도인의 차이이다. '내가 잘해서' 잘 된 것으로 여기는 것은 지극히 위험한 생각이다. 룻기가 하나님의 역사와 섭리로 표현할 수 있는 것조차 역사의 배후에 숨겨두고, 그것을 인간의 일상생활 속에 일어나는 자연적인 일로 표현하는 이유는 진정한 믿음을 보여주기 위함이다. 인간의 눈으로 볼 때 평범하고 우연히 전개되는 사건들 속에 실제로는 하나님의 간섭과 역사와 섭리가 담겨 있다는 것을 전해주는 것이다.

참다운 신앙이란 무엇인가? 하나님의 백성으로 살아간다는 것은 어떻게 사는 것을 의미하는가? 이에 대해 룻기는 나오미와 룻이라는 두 여인의 이야기를 통해 지극히 작은 부분까지도 하나님의 인도하심과 섭리가 있었음을 깨닫고 하나님을 높여 찬양하는 것이 그리스도인으로서 살아가는 길임을 말하고 있다. '너는 너의 일상의 삶을 누가 인도한다고 보는가? 너에게 지금 일어나고 있는 그 일들이 우연히 일어난 일이라고 보는가? 그렇다면 너는 그리스도 밖에 있는 자다! 하나님의 허락이 없이는 아무것도 행할 수 없다는 것을 깨닫지 못하는 자는 하나님을 왕으로 섬기지 않는 자요, 자기 소견에 옳은 대로 행하는 자다! 마치 야고보서 4장에 나오는 어떤 사람과 같이 허탄한 자랑을 하는 자다.(약 4:13-16)'라고 말하고 있다.

우리는 지금 어떻게 살고 있는가? 진정 하나님을 왕으로 섬기고 있는가, 아니면 자기 소견에 옳은 대로 행하고 있는가? 지극히 작은 부분까지도 하나님이 인도하신다고 믿고 있는가?(눅 12:7) 아니면 그 모든 것을 우연한 일로 보는가?

# 환희

**룻기** 4:16-17

나오미가 아기를 받아 품에 품고 그의 양육자가 되니
그의 이웃 여인들이
그에게 이름을 지어 주되
나오미에게 아들이 태어났다 하여
그의 이름을 오벳이라 하였는데
그는 다윗의 아버지인 이새의 아버지였더라

## 그 이름을 오벳이라 하였는데

“그의 이웃 여인들이 그에게 이름을 지어 주되 나오미에게 아들이 태어났다 하여 그의 이름을 오벳이라 하였는데 그는 다윗의 아버지인 이새의 아버지였더라”라고 쓴 룻기 4:17은 룻기 전체의 내용을 종결짓는 종결문이다. 그런데 이 대목에서 어째서 룻기는 룻에게서 태어난 아이를 ‘나오미에게서 태어났다’고 표현하는지 의문을 갖지 않을 수 없다. 4:13에 의하면 “여호와께서 그(룻)에게 임신하게 하시므로 그가 아들을 낳은지라”고 했다. 또한 4:15에는 “이는 네 생명의 회복자이며 네 노년의 봉양자라 곧 너를 사랑하며 일곱 아들보다 귀한 네 며느리가 낳은 자로다 하니라”고 했다. 그런데 4:17에서는 왜 “나오미에게 아들이 태어났다”고 했을까? 이와 같은 표현은 이웃 여인들의 덕담에 불과한 것일까? 아니면 보다 더 깊은 뜻이 함축되어 있는 것일까?

### 룻기의 저자가 말하려고 하는 것

전통적으로 알려진 룻기의 기록 목적은, 첫째, 다윗 왕가의 숨겨진 계보를 밝혀내고, 둘째, 아무리 이방 민족이라 하더라도 그의 믿음과 결단에 따라 얼마든지 하나님의 백성이 될 수 있다는 것을 나타내기 위함이다. 이렇게 주장하는 이유는 이 책의 이름이 ‘룻기’라고 적혀져 있을 뿐만 아니라, 이야기가 모압 여자인 룻을 중심으로 전개된다고 보기 때문이다. 사실 내용상으로 나오미보다는 룻이 훨씬 더 많이 등장하는 것을 부인할 수 없다. 전체 4장 가운데 1장을 제외하고는 나오미보다 룻에 대한 이야기가 더 많이 나온다. 때문에 룻기의 주인공은 룻이라 해도 잘못된 표현은 아니다. 전통적인 해석에 따라 이 책의 주인공을 룻으로 볼 때 룻기에는 유대인의 편협한 민족주의와 혈통주의에 대한 비판이 담겨 있다고 볼 수 있는 여지가 얼마든지 많기 때문이다.

단적으로 신명기 23:3-4에 "암몬 사람과 모압 사람은…영원히 여호와의 총회에 들어오지 못하리라"고 했음에도 불구하고 결국엔 총회에 들어온 룻이 모압 여인이라는 사실을 불필요할 만큼 자주 언급하고 있는 이유가 그렇다.(룻 1:22, 2:2, 6, 10, 21, 4:5, 10) 룻기는 이런 표현을 통해 하나님은 이방 사람을 통해서도 구원의 역사를 이루어 가는 분이심을 밝히고, 유대인의 편협한 혈통주의와 민족주의에 대하여 일침을 가할 뿐만 아니라, 이방인이라고 함부로 배척할 것이 아니라는 것을 증언한다. 신명기 23:3-4의 규정에도 불구하고 룻기는 보아스의 입을 통해 "이스라엘의 하나님 여호와께서 그의 날개 아래에 보호를 받으러 온 네게 온전한 상 주시기를 원하노라"(룻 2:12)고 축복함으로써 이방인을 전적으로 거부하는 것은 올바른 태도가 아님을 드러낸다.

이와 같은 근거는 룻기보다 좀 더 앞선 시대에 쓰인 것으로 보이는 제2이사야 56:6-7에도 나타난다. "여호와와 연합하여 그를 섬기며 여호와의 이름을 사랑하며 그의 종이 되며 안식일을 지켜 더럽히지 아니하며 나의 언약을 굳게 지키는 이방인마다 내가 곧 그들을 나의 성산으로 인도하여 기도하는 내 집에서 그들을 기쁘게 할 것이며 그들의 번제와 희생을 나의 제단에서 기꺼이 받게 되리니 이는 내 집은 만민이 기도하는 집이라 일컬음이 될 것임이라"는 말씀을 볼 때, 아무리 이방인이라 하더라도 하나님의 언약을 굳게 지킨다면 얼마든지 하나님의 백성이 될 수 있음을 나타내고 있다.

또한 룻기가 쓰일 당시의 선지자들로 알려진 에스라와 느헤미야는 그 백성에게 잡혼을 금지하고 이미 이방인 여자들과 결혼한 사람까지도 그 이방 여자를 버려야 한다고 엄하게 명했는데, 룻기는 그들이 주장하던 국수주의 사상(스 9-10장, 느 10:28-30)을 철저하게 반대하는 목적에서 기록된 것으로 보기도 한다. 룻기는 이방 사람도 얼마든지 구원받아 하나님의 백성이 될 수 있다는 사실을 예시해주는 동시에 여호와 하나님은 유대인만의 하나님이 아니라 온 세상, 모든 민족의 하나님이 되신다는 사실을 가르쳐주기 위해 기록되었다는 것이다. 에스라와 느헤미야의 주장에 대하여 룻기의 저자는 '다윗 같은 위대한 지도자에게도 모압 여인의 피가 흐르고 있다.'는 점을 보여줌으로써 국제결혼 금지령에 대해 항거하고 있다는 것이 룻기의 기록 목적에 대한 전통적인 해석이다.

이와 같은 해석에 대하여 반박할 이유는 없다. 그런데 만일 전통적인 해석대로 룻기가 다윗 왕가의 계보를 밝혀내고, 이방인에 대한 개방 정책의 정당성을 해명하기 위해 신명기 법전(신 23:3-4)에 대한 예외사항을 적시한 것이라면 구태여 "나오미에게 아들이 태어났다 하여"(룻 4:17)라는 표현을 사용할 필요가 없지 않은가? 성문에 모인 모든 백성과 장로들의 입을 통해 "여호와께서 네 집에 들어가는 여인으로 이스라엘의 집을 세운 라헬과 레아 두 사람과 같게 하시고… 여호와께서 이 젊은 여자로 말미암아 네게 상속자를 주사 네 집이 다말이 유다에게 낳아준 베레스의 집과 같게 하시기를 원하노라"(룻 4:11-12)고 축복한 것으로 족하지 않은가?

여기에는 분명히 룻기 저자의 또 다른 의도가 담겨 있다. 이 문제를 풀어가기 위해서는 나오미가 룻기에서 차지하는 비중에 대해 좀 더 주의 깊게 살펴보아야 한다. 전통적인 해석에 따라 지금까지 룻기의 주인공을 모압 여인인 룻으로 단정하고 그의 결단과 행적에만 관심을 가져온 관점을 바꿔볼 필요가 있다.

### 룻기의 주인공은 누구인가

우선 이 이야기가 누구의 이야기인가를 되짚어보자. 과연 룻기는 모압 여인 룻의 이야기일까? 아니면 나오미의 이야기일까? 이와 같은 의문을 가지고 룻기를 읽다보면 룻기는 룻이 아니라 나오미의 이야기란 것을 쉽게 발견할 수 있다.

룻기는 나오미의 가족이 하나님이 약속하신 언약의 땅 유다와 베들레헴을 떠나 모압 지방으로 이주한 일로부터 시작된다. "사사들이 치리하던 때에 그 땅에 흉년이 드니라"(룻 1:1)는 표현을 통해 그 때의 시대적 상황이 '하나님은 나의 왕이시다'는 믿음에서 벗어나 '자기의 소견에 옳은 대로 행하였던 때'였다는 것을 밝히고 있으며, '그 땅에 흉년이 든 것'도 '하나님은 나의 왕'이시라는 믿음이 병(말론)들고 허약(기룐)해져서 자기 소견에 옳은 대로 행한 데 대한 하나님의 진노의 대가라는 고백으로부터 시작한다(룻 1:20-21).

룻기의 전체적인 내용은 엘리멜렉에 관한 이야기가 아니라, 믿음으로 살던 한 여인이 하나님의 징계를 받고 철저히 망가졌으나(마라), 자신의 잘못을 뉘우치고 돌아와 바른 신앙을 회복한(나오미) 이야기인 것이다. 때문에 나오미는 엘리멜렉의 아내이지만 그렇게 표현된 곳은 단 한 구절일 뿐이고, 대부분 엘리멜렉이 나오미의 남편으로 소개되는 것을 볼 수 있다. 이것은 나오미를 핵심적인 인물로 보기 때문이다.

룻기 1:2와 1:3을 비교해보라. 1:2는 "그 사람의 이름은 엘리멜렉이요 그의 아내의 이름은 나오미요"라고 표현함으로써 나오미는 엘리멜렉의 아내로 소개된다. 그런데 1:3은 "나오미의 남편 엘리멜렉"이라고 표현함으로써 엘리멜렉이 나오미의 남편으로 소개된다.

뿐만 아니라 2:1에도 "나오미의 남편 엘리멜렉의 친족으로"라고 소개되고, 두 아들 말론과 기룐 역시 1:2에는 엘리멜렉의 아들로 소개되었으나, 그 다음 구절인 1:3, 5에서는 '그녀의 아들'로 소개된다. 두 며느리도 계속 나오미의 며느리로 소개된다. 1:6-8의 "두 며느리"라는 표현과 1:22의 "그의 며느리"라는 표현이 그렇다.

또한 이야기의 전체 내용도 나오미를 중심으로 전개된다. 1장은 나오미 가족의 상실과 죽음으로부터 시작하여, 4장은 나오미 가정의 회복과 출산으로 끝을 맺는다. 2장과 3장도 나오미를 축으로 전개된다. 룻이 이삭을 주우러 나가게 된 일이나 이삭을 주우러 나갔다 돌아온 후 보아스와의 사이에 일어난 일을 보고하는 일이 그렇다. 그리고 나오미의 지시에 따라 룻이 보아스를 만나고, 그를 만나고 난 후 나오미에게 보고하는 일도 그렇다. 원심을 축으로 하여 원을 그리듯이 나오미를 중심으로 이야기가 전개되고, 4:17은 최종적으로 "나오미에게 아들이 태어났다"는 말로 종결된다.

룻기가 나오미의 이야기라는 확실한 증거는 또 있다. 이스라엘 사람들에게서 이름은 중요한 의미를 갖는다. 그들은 때로 이름과 인격을 동일시하기도 한다.(신 12:5, 11, 사 30:27) 이스라엘 사람들이 이토록 소중하게 여기는 이름들이 룻기에서는 모두 나오미와 연관되어 있다. 나오미의 남편 이름은 '하나님은 나의 왕이시다'는 뜻의 '엘리멜렉'이고, 두 아들의 이름은 '병'이란 뜻의 '말론'과 '허약'이란 뜻의 '기룐'으로 나오미의 신앙 상태와 일치한다. 두 며느리의 이름 역시 나오미와의 관계를 표현하는데 '오르바'는 '등을 지고 떠났다'는 뜻이고, '룻'은 '친구'라는 뜻이다. '보아스'는 그 이름의 의미대로 나오미에게 '힘'이 되어주었고, '오벳'은 나오미가 하나님을 다시 섬기게 된 신앙과 관련지어 '섬기다'라는 뜻을 담고 있다.

다시 말하면, 룻기는 나오미가 하나님은 나의 왕이시다(엘리멜렉)는 믿음으로 살 때는 복된 여자(나오미)라 불렸으나 믿음이 병(말론)들고 허약(기룐)해져서 죽은 믿음(남편과 두 아들의 죽음)으로 전락하자 비참한 여인(마라)이라 불리게 되었고, 보아스를 만나 힘(보아스)을 얻어 다시 하나님을 왕으로 섬기게 됨(오벳)으로써 쓰라리고 괴로움을 당한 여인(마라)이 은혜롭고 복된 여인(나오미)으로 돌아오게 된 이야기이다.

오벳을 나오미가 낳았는가? 아니다. 그는 룻이 보아스와의 사이에서 낳은 룻의 아들이다. 4:13에서 "보아스가 룻을 맞이하여 아내로 삼고 그에게 들어갔더니 여호와께서 그에게 임신하게 하시므로 그가 아들을 낳은지라"고 밝혔고, 4:15는 "일곱 아들보다 귀한 네 며느리가 낳은 자로다"라고 했다. 그런데 4:17은 뜻밖에도 "그의 이웃 여인들이 그에게 이름을 지어 주되 나오미에게 아들이 태어났다 하여 그의 이름을 오벳이라 하였는데 그는 다윗의 아버지인 이새의 아버지였더라"고 하여 오벳을 나오미와 연결시키고 있다. 저자는 이러한 연결이 논리적으로 합당하지 않다는 사실을 너무도 잘 알고 있기에 "그의 이웃 여인들이" 그에게 이름을 지어주었다고 적은 것이다.

"그의 이웃 여인들"이란 베들레헴의 여인들로서 나오미가 룻과 함께 고향으로 돌아왔을 때 '저가 나오미가 아니냐?'고 물었다가 '나를 나오미라 부르지 말고 나를 마라라 부르라'는 말을 듣고 나오미를 '마라'라 부른 여인들이다.(룻 1:19-20) 그런데 이제는 그들의 입을 통해 "나오미에게 아들이 태어났다 하여" 새로 태어난 아이의 이름을 지어준 것이다. 이러한 이유들로 인해 룻기는 룻에 대한 이야기가 아니라, 나오미에 대한 이야기임이 분명하다.

## 하나님에 대한 절규

룻기의 저자는 룻이 아닌 나오미를 통해 무엇을 전하고, 어떤 증언을 하고 싶었던 것일까? 그것은 맨 처음 소개한 바와 같이 룻기가 쓰일 당시의 시대적 상황과 밀접한 관련이 있다.

하나님의 성전이 헐리고, 나라를 빼앗긴 채 이방 땅에서 수십 년 동안 포로생활을 하던 이들은 예루살렘으로 돌아가 성전을 재건하게 되면 하나님의 왕국이 도래할 것이라는 벅찬 감격과 희망에 젖어 있었다. 그러나 예루살렘으로 돌아와 힘겹게 성전을 재건했지만 하나님의 약속은 실현되지 않았다.(사 40–55장, 학 1:8, 슥 2:10–13) 이스라엘 백성은 여전히 주권을 상실한 채 식민지 백성으로 살아야 했고, 가뭄과 병충해로 인해 민족 전체의 생존 근거가 박탈당할 위기에 처해 있었다. 그 시기는 "그렇다면 하나님은 이 백성을 버렸단 말인가? 이스라엘 백성들이 겪고 있는 고난과 고통에 대해 침묵하시는 하나님은 과연 전능하다고 할 수 있는가? 악한 자들이 득세하고 의로운 자들이 고통 당하도록 내버려두시는 하나님이라면 그런 하나님을 기필코 섬겨야 할 이유가 있는가?"와 같은 회의와 탄식으로 고뇌하며 절규하던 때였다.(말 1:2, 2:17, 3:14)

그때 룻기의 저자는 나오미라는 한 여인의 행적을 통해 자기 시대의 민족에게 하나님의 경륜과 구원 계획을 전하고자 했다. 룻기는 이렇게 말한다. 하나님은 지금도 살아 계셔서 인간의 역사를 주관하시며 간섭하고 계신다. 이스라엘 백성이 당하는 민족적 과제와 시련은 하나님과의 언약을 파기하고(출 19:5-6) 자신의 뜻대로 살려고 한 데 대한 징계와 채찍이다. 그럼에도 불구하고 하나님과 맺은 언약은 지금도 유효하며(말 2:1-9), 하나님은 변함없이 사랑하신다는 것(말 1:2-3)이다.

이와 같은 이스라엘 백성들의 고뇌에 대한 하나님의 응답은 동시대에 기록된 문서들로 알려진 제2이사야나 학개, 스가랴, 말라기와 같은 문서들 속에서도 발견할 수 있다. 특별히 말라기는 23개의 거듭된 질문을 통해 이스라엘 백성과 하나님 사이의 고뇌와 응답을 전한다. 말라기에는 학개나 스가랴 선지자가 선포한 하나님의 왕국(학 2:20-23, 슥 12:1-14)이 아직 실현되지 않았다 하여 낙망하지 말라고 한다. 또한 하나님의 왕국이 도래하기 전에 여호와의 날, 심판의 날이 도래할 것임을 예고하면서(말 3:1), 그 이전에 먼저 자신을 돌아보고 준비할 것을 권한다. 어떻게 준비해야 하는가? 하나님의 말씀을 신뢰하고, 참혹한 현실 속에서도 실망하지 말고 메시아를 기다리며 소망을 잃지 말라고 한다.(말 4:4-5) 하나님께 대한 변함없는 믿음과 신뢰, 이것이 이스라엘 백성들이 가져야 할 신앙의 태도라는 것이다.

룻기의 저자 역시 같은 맥락에서 참혹한 현실 속에서도 믿음을 지키며 꿋꿋이 살아온 나오미를 통해 이스라엘 백성들에게 하나님의 구원 계획과 그 경륜을 전하고 있다. 깊은 암흑기에 하나님의 백성들은 어디에 신앙의 근거를 두고, 어떻게 살아야 할 것인가? 하나님의 응답이라고 느낄 수 있는 어떤 음성이나 예언, 기사, 이적, 체험이 없을 때 어떤 태도를 취해야 할 것인가? 이에 대해 룻기는 하나님의 말씀에서 길을 찾은 나오미를 통해 참된 신앙이란 무엇이고, 믿음을 지킨다는 것은 어떤 것인가를 보여주고자 했다.

룻기는 결코 나오미의 성공담이 아니다. 이유 없이 고난 당하고, 세상에 내던져지고, 몰락할 대로 몰락하고, 망할 대로 망한 나오미를 통해 룻기의 저자는 이야기한다. 부르짖어도 응답이 없고, 통곡해도 대답이 없고, 모두가 하나님은 존재하지 않는다고 비웃고 손가락질 한다 하더라도 나오미와 같이 하나님의 전능하심을 고백할 수 있는 믿음을 가지라는 것이다. 때문에 룻기 안에는 하나님의 특별한 이적이나 능력, 역사나 활동은 전혀 계시되지 않고 사람들이 나누는 대화 속에서만 그것들이 고백된다. 하나님의 백성은 비록 하나님의 음성을 듣지 못하고, 하나님의 능력을 체험하지 못하고, 기사나 이적을 전혀 경험하지 못했다 하더라도 하나님의 언약을 믿고, 하나님의 언약 안에 희망을 걸고 살아가야 한다는 것이다.

오늘 우리는 어떠한가? 오늘 우리가 살고 있는 이 시대에 믿음을 지킨다는 것 역시 어렵지 않은가? 하나님의 능력이나 역사, 통치가 쉽게 이해되고 받아들여지는가? 우리 주변에서 일어나는 일들이 신앙을 더욱 흔들리게 하는 이유는 무엇인가? 교회 안에서조차 하나님의 음성을 들을 수 없고, 하나님을 만날 수 없다고 탄식하는 이유는 무엇인가? 성직자나 성도들에게서조차 믿음의 모습을 찾아보기 힘든 이유는 무엇인가? 이 시대는 하나님의 역사나 능력을 기대하는 것은 고사하고 믿음을 지킨다는 것조차 이상히 여겨지는 세상이다. 그런데도 믿음을 지켜야 하는 이유는 무엇인가? 그래도 신앙을 가져야 하는 이유는 무엇인가?

하나님은 과연 존재하시는지, 우리가 믿는 이 신앙이 헛된 것은 아닌지 확인해보고 싶은 우리에게 룻기는 말한다. 이스라엘 백성들이 400년에 이르는 깊은 침묵 속에서도 나오미와 같은 신앙을 간직하고 그 신앙을 지켜왔듯이, 오늘 우리에게도 그와 같은 믿음이 필요하다고 말이다. 모두가 하나님이 존재하지 않는다고 비웃고 손가락질한다 하더라도, 하나님께 부르짖어도 응답이 없고, 통곡해도 응답이 없을지라도 하나님의 약속에 생명을 걸고 살아온 나오미의 그 신앙을 본받아야 한다고 말한다. 나오미의 믿음, 그 신앙이 오늘 이 시대를 살아가는 그리스도인들에게 힘이 될 것이라고 룻기는 말하고 있다. 우리는 과연 나오미가 가졌던 그 믿음을 가지고 있는가? 룻기는 오늘의 그리스도인들에게 이렇게 묻고 있다.

# 계보

**룻기** 4:18-22

베레스의 계보는 이러하니라
베레스는 헤스론을 낳고 헤스론은 람을 낳았고
람은 암미나답을 낳았고
암미나답은 나손을 낳았고
나손은 살몬을 낳았고 살몬은 보아스를 낳았고
보아스는 오벳을 낳았고
오벳은 이새를 낳고 이새는 다윗을 낳았더라

## 베레스에서 다윗까지의 계보

룻기는 사사들이 치리하던 시대에 유다 지파에 속한 엘리멜렉의 가족이 기근으로 인하여 베들레헴에서 모압 지방으로 이민을 떠나는 이야기로부터 시작된다. 이후 엘리멜렉의 가족이 모압 지방에서 겪는 가족 상실의 아픔과 고통을 배경으로 전개되다가 마침내 하나님의 보이지 않는 손길로 룻과 보아스가 결혼하게 되고, 그들이 오벳을 낳으므로 엘리멜렉의 이름이 끊어지지 않게 되었다는 이야기로 끝을 맺는다. 룻기는 이 대목을 룻이 낳은 아들 오벳이 "다윗의 아버지인 이새의 아버지였더라"(룻 4:17)는 말씀으로 종결짓는다.

### 계보 기록의 일반적 특성

그런데 그 다음 이어지는 다섯 구절이 매우 이상하다. 이야기가 해피엔딩으로 끝나는가 싶은 결말이 뜻밖에도 보아스의 6대 조상 베레스로부터 시작하여 다윗까지의 10대에 걸친 계보를 나열하고 있다. 왜 갑자기 계보를 나열한 것일까?

계보 나열은 지금까지 서술해온 이야기의 전개 과정과 비교할 때 일관성이 없다. 룻기 4:17에서 "그의 이웃 여인들이 그에게 이름을 지어 주되 나오미에게 아들이 태어났다 하여 그의 이름을 오벳이라 하였는데 그는 다윗의 아버지인 이새의 아버지였더라"는 말로 끝을 맺어도 전혀 이상할 것이 없다. 내용상 오히려 4:17로 종결짓는 것이 훨씬 자연스러웠을 법하다. 그런데 왜 갑자기 베레스에서 다윗까지

10대손의 계보를 나열한 것일까?

만일 나오미가 아닌 룻을 주인공으로 본다 하더라도 이 베레스의 계보는 엉뚱하게 보인다. 1장을 룻의 결단, 2장을 룻의 헌신, 3장을 룻의 청혼, 4장을 룻의 결혼으로 정리할 수 있으므로, 이야기의 내용과 직접 연관이 없는 베레스로부터 시작한 다윗의 계보는 그것을 삽입해야 할 필요성이 전혀 없어 보인다.

이와 같은 불일치에 대해 학자들은 룻기는 사실상 4:17에서 끝나고, 4:18-22에 이르는 다섯 구절은 베들레헴의 이새 가문을 통해 전해진 내용이거나, 다윗 왕국의 사관이나 서기관 편집자가 족보 자료를 고증하면서 야곱의 아들 유다가 낳은 베레스의 계보에 따라 다윗까지 내려오는 계통을 첨가했을 것이라고 주장한다. 만일 그렇다 하더라도 역대상 2:4-13에 기록된 족보만으로도 다윗의 족보를 설명하는 데는 부족함이 없을 것인데 왜 굳이 룻기의 마지막에 베레스로부터 다윗에 이르는 족보를 소개하는 것인지에 대한 의문이 남는다.

이에 대해 어떤 이들은 룻기 4:18-22와 역대상 2:4-13을 구분하여, 역대하의 경우 36:22에 "바사의 고레스 왕 원년에"라고 적음으로 기원전 538년에 반포된 고레스 왕의 유대인 포로에 대한 귀국 허가 조서까지 언급한 것으로 보아, 역대기는 그 이후에 쓰여진 것이 분명하다고 말한다. 그러므로 이보다 앞선 시기에 기록되었을 것으로 여겨지는 룻기의 베레스 족보는 오히려 역대기에서 다윗의 족보를 기록하는 일에 큰 참고가 되었을 것이라고 주장한다. 그런가 하면 룻기나 역대기 저자 모두가 제3의 또 다른 자료를 인용했을 것이라는 주장도 있다.

이처럼 베레스의 계보에 대해서는 룻기의 저자가 역대기에서 인용한 것인지, 아니면 역대기 저자가 룻기에서 인용한 것인지, 그것도 아니라면 룻기와 역대기의 저자가 제3의 또 다른 자료에서 인용한 것인지를 놓고 아직까지도 논쟁이 계속되고 있다. 그러나 우리의 관심은 룻기가 어떤 의도에서 이와 같은 계보를 삽입하게 되었고, 이 계보가 우리에게 주는 교훈은 무엇인가 하는 것이다.

족보는 일반적으로 다음과 같은 네 가지 이유에서 기록된다. 첫째, 개개인 상속권의 합법성을 밝히기 위해, 둘째, 종족의 순수성을 증명하기 위해, 셋째, 과거의 훌륭한 업적에 자신이나 그 가문이 관련되어 있음을 과시하기 위해, 넷째, 조상들이 어떤 중요한 지위에 있었는가를 밝힘으로써 지위나 권위를 강화하기 위해서이다.

또한 족보를 기록할 때는 혈통 중심의 장자 서열에 따라 기록하는 것이 일반적인 원칙이다. 창세기 4장에 나오는 가인의 계보나, 5장에 나오는 셋의 계보, 10장과 11장에 나오는 노아의 세 아들과 셈의 후손들의 계보가 그런 경우이다.

그런데 베레스의 계보에는 족보의 네 가지 기록 목적과 장자 서열의 원칙이 처음부터 무너져 있다. 베레스는 유다의 아들이라고 하지만 유다의 정실 자식이 아니다. 유다에게는 엘과 오난과 셀라라는 정실의 자식이 있었다. 첫째인 엘과 둘째인 오난이 하나님의 심판에 의해 죽임을 당했다고 하지만 아직 셋째인 셀라가 남아 있다. 그런데 어떻게 시아버지와 며느리인 유다와 다말 사이에 낳은 베레스가 유다의 족보에 오를 수 있는가?

베레스의 손자인 람도 마찬가지다. 헤스론에게는 세 아들이 있었는데 여라무엘과 람과 글루배이다. 그런데 둘째인 람이 장자인 여라무엘을 제치고 헤스론의 계보를 이었다. 다윗은 또 어떤가? 그는 이새의 여덟 명의 아들 가운데 가장 막내인 여덟 번째 아들이다. 그런데도 그가 조상의 계보를 이어갔다.

문제는 또 있다. 신명기 23장에 의하면 "고환이 상한 자나 음경이 잘린 자는 여호와의 총회에 들어오지 못하리라"(신 23:1)고 적혀 있고, 사생자는 10대에 이르기까지 들어오지 못한다고(신 2:2) 했다. 또한 암몬 사람과 모압 사람은 영원히 들어오지 못한다고 했다.(신 23:7-8)

'여호와의 총회'가 무엇을 의미하는가에 대해서는 여러 의견이 있다. 이를 이스라엘 백성 가운데 섞여 살 수 없거나, 결혼할 수 없거나, 귀화할 수 없거나, 이스라엘 공동체나 회합에서 어떠한 직책도 맡을 수 없거나, 하나님께 드리는 공식 집회나 예배에 참여할 수 없다는 뜻으로 해석하기도 한다. 분명한 사실은 여호와의 총회가 이스라엘 공동체와 연관되어 있다는 점이다. 그런데 사생자나 암몬, 모압 사람은 여호와의 총회에 들어올 수 없다고 했음에도 불구하고 어떻게 시아버지와 며느리 사이에서 낳은 베레스가 족보에 오르고, 모압 여인 룻의 아들인 오벳이 족보에 오를 수 있었을까?

또한 신명기 23:17에는 "이스라엘 여자 중에 창기가 있지 못할 것이요"라고 했다. 히브리어로 '창기'는 '케데솨'(קְדֵשָׁה)라 하고, '기생'

은 '조나'(זֹנָה)라 하여 이 둘을 구분하기도 하지만 큰 차이는 없다. 신명기 22:21은 같은 조나를 '창기'로 번역하였다. 어떻든 어찌 창기 라합의 아들인 보아스가 이스라엘의 족보에 오를 수 있었을까?

오벳의 경우도 그렇다. 룻기 4:21은 보아스가 룻에게서 오벳을 낳았다고 하지만 오벳이 어떻게 보아스의 아들이 되는가? 룻기 4:5에 의하면 보아스는 이름 없는 자에게 "네가 나오미의 손에서 그 밭을 사는 날에 곧 죽은 자의 아내 모압 여인 룻에게서 사서 그 죽은 자의 기업을 그의 이름으로 세워야 할지니라"고 했고, 이름 없는 자는 그것이 싫어서 "나는 내 기업에 손해가 있을까 하여 나를 위하여 무르지 못하노니"(룻 4:6)라고 했다. 보아스는 이름 없는 자에게서 기업 무를 권리를 양도받은 후 장로들과 모든 백성 앞에 "내가 엘리멜렉과 기룐과 말론에게 있던 모든 것을 나오미의 손에서 산 일에 너희가 오늘 증인이 되었고 또 말론의 아내 모압 여인 룻을 사서 나의 아내로 맞이하고 그 죽은 자의 기업을 그의 이름으로 세워 그의 이름이 그의 형제 중과 그 곳 성문에서 끊어지지 아니하게 함에 너희가 오늘 증인이 되었느니라"(룻 4:9-10)고 했다. 이 말대로 하면 오벳은 보아스의 아들이 아니라 말론의 아들이 되어야 한다. "살몬은 보아스를 낳았고 보아스는 오벳을 낳았고"(룻 4:21)가 아니라, "엘리멜렉은 말론을 낳았고 말론은 오벳을 낳았고"라고 해야 보아스를 통해 증언하고 있는 룻기의 사상이 일맥상통하게 되는 것이다.

그런데도 룻기의 마지막 부분에서 오벳을 보아스의 아들로 적시한 것은 룻기의 사상이나 계대결혼법에 전혀 부합하지 않는다. 뒤죽

박죽인 데다가 이리저리 얽혀 있어서 도저히 족보라고 할 수 없다. 그렇다면 룻기의 저자는 무엇을 전하려고 이와 같은 족보를 기록한 것일까?

## 베레스의 계보

그 의문의 단서를 룻기 4:11-17에 나오는 베들레헴 성읍 사람들의 축복에서 찾을 수 있다. 4:11-12에 의하면 사람들은 두 가지를 축복했다. 하나는 이스라엘 집을 세운 라헬과 레아 두 사람과 같게 하시기를 기원했고, 다른 하나는 다말이 유다에게 낳아준 베레스의 집과 같게 하시기를 축복했다.

라헬과 레아는 누구인가? 두 사람 모두 이스라엘의 조상 야곱의 아내로서 이스라엘 열두 지파를 형성한 열두 아들의 어머니이다. 그런데 베들레헴 성읍 사람들은 룻 역시 여호와로부터 풍성한 복을 받아 자녀가 번성하고, 라헬과 레아와 같이 믿음의 어머니가 되기를 축복하고 기원한다고 했다.

또 다말과 비교하여 모압 여인 룻의 행위는 거룩한 것이요, 하나님의 언약과 말씀 속에서 자신의 길을 찾으려고 한 믿음의 행위로 보았다. 다말은 '종려나무'라는 뜻의 이름을 가진 여인으로 야곱의 넷째 아들 유다의 장자 엘의 아내였다. 엘은 하나님께 범죄하여 하나님의 심판을 받아 죽는다. 당시 이스라엘 계대결혼법에 따라 형수를 아내로 맞이한 오난은 다말에게서 낳게 될 아들이 자신의 자식이 되지 못할 것을 알고 정상적인 부부생활을 거절한다. 이로 인해 오난도 하나님의 심판을 받아 죽임을 당한다.

유다는 두 아들을 잃게 되자 셋째마저 잃을까 염려하여 셀라가 장성할 때까지 친정에 가서 기다리라고 했다. 다말은 시아버지의 요구대로 막내 시동생 셀라가 성장할 때까지 수절했다. 그러나 유다는 셀라가 장성한 후에도 다말과 결혼시키지 않았다. 친정에서 기다리던 다말은 시동생 셀라가 장성한 후에도 자신과 결혼시키지 않는 것을 보고 시아버지의 속셈을 알아차린다. 그리고 그는 자식을 얻기 위해 시아버지가 딤나에 오는 날 창녀로 변장하고 시아버지를 유혹하기로 결심한다. 마침내 다말은 시아버지를 속여 불륜의 관계를 갖는다. 그리고 그 징표로 도장과 끈, 지팡이를 받아낸다.

3개월 후 다말이 잉태하였다는 소식이 들리자 유다는 당시의 법에 따라 부정하게 임신한 다말을 불에 태워 죽이라고 한다. 그때 죽게 된 다말이 도장과 끈, 지팡이를 내놓으며 자신을 임신시킨 사람은 이 징표의 주인이라고 말한다. 유다는 자신이 셀라를 다말에게 보내지 않은 일로 인해 다말이 모든 일을 꾸며냈음을 알고 다말을 용서한다. 그 대목을 성경은 이렇게 전한다. "유다가 그것들을 알아보고 이르되 그는 나보다 옳도다 내가 그를 내 아들 셀라에게 주지 아니하였음이로다 하고 다시는 그를 가까이 하지 아니하였더라."(창 38:26)

성경은 왜 이처럼 수치스러운 다말의 불륜을 칭찬하는 것일까? 복음서에서는 이와 같이 불륜을 행한 여인을 어떻게 다윗의 후손인 그리스도의 족보에 삽입시킨 것일까? 어떻게 베들레헴 성읍 사람들은

“다말이 유다에게 낳아준 베레스의 집과 같게 하시기를 원하노라”(룻 4:12)고 축복할 수 있었을까? 이에 대해 성경은 다말의 행위를 불륜으로가 아니라, 하나님의 법을 철저히 지키려고 한 거룩한 행위로 본다는 것이다. 윤리적으로는 잘못된 일임에 틀림없지만, 이는 목숨을 걸고 죽은 남편의 대를 잇기 위해 벌인 믿음의 행위로서, 하나님의 구원사로 볼 때는 유다의 혈맥을 이어준 공로자요, 구원사를 위해 헌신한 지혜로운 여인으로 여긴다는 것이다.

보아스의 어머니 라합도 마찬가지다. 룻기에서는 보아스의 어머니가 누구인지 밝히지 않았지만 마태복음 1:5의 “살몬은 라합에게서 보아스를 낳고”라는 말씀을 통해 보아스의 어머니가 라합임을 알 수 있다.

라합은 여리고 성에 살던 기생이었다. 그는 여호와에 대한 소문을 듣고 여호와를 두려워하게 되었다.(수 2:9-11) 마침 여호수아가 보낸 정탐꾼들을 만나자 그들을 숨겨주었고 그 대가로 가족과 함께 구원받은 여인이다. 이에 대해 히브리서 11:31은 “믿음으로 기생 라합은 정탐꾼을 평안히 영접하였으므로 순종하지 아니한 자와 함께 멸망하지 아니하였도다”라고 소개한다. 또한 야고보서 2:25는 “기생 라합이 사자들을 접대하여 다른 길로 나가게 할 때에 행함으로 의롭다 하심을 받은 것이 아니냐”라고 증언한다. 히브리서 11:31이나 야고보서 2:25에 의하면 라합은 믿음의 사람이며, 그의 신앙은 믿음의 영웅들이 가졌던 것에 비견될 뿐만 아니라, 믿음의 조상 아브라함이 그 아들 이삭을 제물로 바친 그 믿음에 비견된다는 것이다.

그런데 베들레헴 성읍 사람들은 룻과 나오미를 다말과 라합에 비교하여 그들의 신앙이 다말과 라합의 신앙에 못지않다고 한다. 보아스도 마찬가지다. 룻을 라헬과 레아, 그리고 다말에 비교했듯이 보아스를 베레스에 비교했다.

베레스에 대해서는 그가 어떠한 업적을 남겼는지에 대한 정보가 그리 많지 않아 확실히 알 수는 없다. 다만 우리가 그에 대해 알고 있는 것은 다말이 우여곡절 끝에 낳은 쌍둥이 중에 첫째 아들이었다는 점이다. 베레스가 쌍둥이로서 첫째 아들이 된 사연을 창세기 38:27-30은 "해산할 때에 보니 쌍태라 해산할 때에 손이 나오는지라 산파가 이르되 이는 먼저 나온 자라 하고 홍색 실을 가져다가 그 손에 매었더니 그 손을 도로 들이며 그의 아우가 나오는지라 산파가 이르되 네가 어찌하여 터뜨리고 나오느냐 하였으므로 그 이름을 베레스라 불렀고 그의 형 곧 손에 홍색 실 있는 자가 뒤에 나오니 그의 이름을 세라라 불렀더라"고 전한다. 본래는 세라가 먼저 나오려고 했으나 베레스가 먼저 밀치고 나와서 형이 되었다는 것이다. 그래서 그의 이름을 '밀치고 나온 자'라는 뜻의 히브리어 '베레스'라고 불렀다.

베레스의 출생에 얽힌 이 말씀 속에서 야곱의 출생에 얽힌 사연이 연상된다. 창세기 25:22-26은 쌍태였던 야곱의 출생에 대하여 이렇게 전한다. "그 아들들이 그의 태 속에서 서로 싸우는지라 그가 이르되 이럴 경우에는 내가 어찌할꼬 하고 가서 여호와께 묻자온대 여호와께서 그에게 이르시되 두 국민이 네 태중에 있구나 두 민족이 네 복중에서부터 나누이리라 이 족속이 저 족속보다 강하겠고 큰 자가 어린 자를 섬기리라 하셨더라 그 해산 기한이 찬즉 태에 쌍둥이가 있었는데 먼저 나온 자는 붉고 전신이 털옷 같아서 이름을 에서라 하였고 후에 나온 아우는 손으로 에서의 발꿈치를 잡았으므로 그 이름을 야곱이라 하였으며 리브가가 그들을 낳을 때에 이삭이 육십 세였더라." 이로 보건대 베레스는 이스라엘의 조상 야곱 못지않게 유명한 자라는 것을 알 수 있다. 그리고 그의 어머니 다말 역시 위험을 무릅쓰고 보아스에게 청혼한 룻과 같다는 점에서 사람들은 룻과 보아스를 베레스의 집과 같게 하시기를 원한다고 축복한 것이다.

여기에 소개된 이들의 공통점은 무엇인가? 그들은 하나님의 언약에 충실하고자 한 믿음을 가졌다는 것이다. 다말이나 룻 그들은 모두 이방인이요, 남편을 잃고 자식을 갖지 못한 여인이었다. 그러나 그들은 목숨을 걸고 죽은 남편의 대를 잇기 위해 모험을 감행했다. 다말은 시아버지에게, 룻은 남편 말론과 가까운 근족 보아스에게 자신의 몸을 맡겼다. 야곱이나 베레스는 태 속에서부터 장자권을 두고 싸웠고, 보아스의 어머니 라합은 자신의 목숨을 걸고 정탐꾼을 숨겨주었다. 이렇듯 어려운 상태에서 지켜낸 이들의 믿음이, 결국 대가 끊기고 역사의 무대에서 사라져 버릴 위험에서 가문을 이어간 것이다.

그러니까 '누가 누구를 낳고, 누가 누구를 낳았다'라는 말로 이어지는(룻 4:18-20) 이름들 속에는, 죽을 각오를 하고 기업 무를 권리를 요구한 다말의 믿음이 있고, 비록 여리고의 기생이었지만 여호와께서 행하신 일을 듣고 "너희의 하나님 여호와는 위로는 하늘에서도 아래로는 땅에서도 하나님이시니라"(수 2:11)고 고백한 라합의 믿음이 있고, 모압 여인으로서 "어머니의 백성이 나의 백성이 되고 어머니의 하나님이 나의 하나님이 되시리니 어머니께서 죽으시는 곳에서 나도 죽어 거기 묻힐 것이라"(룻 1:16-17)고 한 룻의 믿음이 있고, 모든 불행의 원인이 자신에게 있음을 알고 하나님께로 돌아온 나오미의 믿음이 담겨 있는 것이다. 베레스가 다말의 믿음으로 인하여 낳은 아들이고, 보아스가 라합의 믿음으로 인하여 낳은 아들이라면, 오벳은 룻과 나오미의 믿음으로 인하여 낳은 아들이라는 것이다.

룻기 4장의 족보에 나오는 헤스론과 람과 암미나답에 대해서는 논의할 만한 자료가 충분하지 않다. 람은 헤스론의 둘째 아들이지만 그가 형인 여라므엘을 제치고 그 아버지의 계보를 잇게 되었다는 것과 그의 이름이 '존귀하다'는 뜻을 가졌다는 점에서 우리의 상상력을 자극한다.(대상 2:9, 마 1:3) 람의 아들 암미나답은 마태복음에 아미나답으로 표기되는데(마 1:4), 그의 이름은 '나의 백성은 관대하다'는 뜻이며, 아론의 장인이라는 점에서 우리의 주목을 끈다.(출 6:23) 암미나답의 아들 나손은 출애굽 당시 유다 지파의 방백으로 출애굽 대열에 자주 등장한다. 민수기 1:7, 2:3, 10:14에서는 유다 지파의 지휘관으로, 민수기 7:12에서는 모세가 장막을 세우는 일을 마쳤을 때 제일 첫날 성소에 헌물을 바친 사람으로 등장한다. 그는 모세의 형인 아론의 매부이기도 하다.(출 6:23) 이런 점에서 그가 광야 여행길에서 얼마나 중요한 역할을 했을지 상상해볼 수 있다. 나손의 아들 살몬 역시 여리고의 정탐꾼을 숨겨준 라합과 결혼한 인물이라는 점에서 우리에게 많은 관심을 불러일으키며, 그가 바로 두 사람의 정탐꾼

중 한 사람이었을 것이라는 추측을 하게 만들기도 한다.(수 2:1)

이처럼 베레스에서 살몬에 이르는 사람들을 주의 깊게 살펴보면 '누가 누구를 낳고, 누가 누구를 낳았다'라는 말로 이어지는 그 이름들 속에는 분명 언약에 충실하고자 한 믿음의 사람들이 연결되어 있고, 그 믿음이 결국 보아스나 오벳, 이새, 다윗과 같은 믿음의 후손을 낳게 했다는 것을 암시함을 알 수 있다. 한마디로 이 계보는 언약을 지키기 위해 치열하게 믿음의 싸움을 해온 사람들의 계보이며, '하나님을 왕으로 섬기는 사람들의 계보'를 이루는 동시에 '자기 소견에 옳은 대로만 행하려는 사람'과 구별되는 계보이다.

'계보'란 말은 히브리어로 '톨레도트'로서 '세계' 또는 '족보'를 가리키는데, 개역성경에서는 '계보'를 '세계'로 번역하여 "베레스의 세계는 이러하니라"(룻 4:18)고 했다. 이 말을 풀이하면 '지금부터 이야기하려고 하는 것은 베레스 가문의 세계입니다.'라는 뜻이다. '베레스 가문의 세계' 곧 '베레스 가문의 믿음의 세계가 이러하다'는 뜻인 것이다. 마치 히브리서 11장에서 믿음의 사람들을 소개한 것과 같다.

그렇다면 왜 10대까지만 기록한 것일까? 그들 외에는 더 이상 없다는 뜻일까? '10'이라는 숫자는 숫자 이상의 의미를 갖고 있다. 룻기에는 종종 숫자가 나오는데 룻기 3:15와 3:17에는 "여섯 번"이라는 숫자가 반복적으로 사용되었다. 10이라는 숫자도 1장에서는 "십 년쯤에"(룻 1:4)라는 말로 처음 등장하는데, 이 말은 엘리멜렉의 가족이 모압에 거주한 연수가 10년이라는 뜻이다. 그 10년은 엘리멜렉의 가족이 모압에서 고생한 기간인 동시에 베들레헴에 흉년이 든 기간이란 뜻이기도 하다. 모압에서 고생한 기간, 곧 흉년이 든 기간이 10년 만에 끝났다는 것이다.

또 4장에서 보아스가 재판을 하기 위해 청한 장로의 숫자가 열 명이다. "보아스가 그 성읍 장로 열 명을 청하여 이르되 당신들은 여기 앉으라 하니 그들이 앉으매."(룻 4:2) 열 명의 장로가 모이자 비로소 재판이 시작되었다.

그리고 룻기에는 생략되었지만 룻이 임신한 기간도 10개월이다. 뿐만 아니라 베레스에서 다윗에 이르는 가문의 숫자 역시 10이다. 이렇게 룻기 안에서 숫자가 자주 등장하는 것은 그 숫자를 통해서 나타내고자 하는 것이 있음을 알 수 있다.

10이란 숫자는 이스라엘 사람들에게서 완성 또는 종료를 의미한다. 베레스에서 다윗에 이르는 총 대수를 10으로 제한한 것은 10이라는 완전수를 통해 베레스 계보가 완전하다는 것을 나타낸다. 베레스의 가문이 나타내는 믿음의 세계는 10대로 끝마쳐지는 것이 아니라 그것으로도 부족함이 없이 완전하다는 뜻이다. 마치 히브리서 기자가 히브리서 11장에서 믿음의 사람들을 소개한 후 히브리서 12:1에서 "우리에게 구름 같이 둘러싼 허다한 증인들이 있으니"라고 증언하는 바와 같이, 이는 믿음의 수많은 후손을 가리키는 것이다. 굳이 말하자면 히브리서 11장의 이름들이 믿음의 계보를 이루듯이 룻기에 등장하는 이름들 역시 믿음을 계승한다는 점에서 믿음의 계보라 할 수 있다.

모두가 자기 소견에 옳은 대로만 행하려고 하던 때, 이들은 언약에 충실하여 하나님을 왕으로 섬겼고, 그의 명령을 생명 걸고 순종하며 따르려고 했다는 점에서 믿음의 계보를 소개하고, 이들로 인해 하나님의 역사는 끊임없이 이어지고 마침내 그의 왕국은 굳게 세워질 것이라는 의미이다. 장자 아닌 차자가 되고, 이스라엘 백성만이 아닌 이방인도 되고, 신명기 23장에서 규정한 창기나 모압 여자나 사생자까지도 베레스에서 다윗의 계보에 들어갈 수 있다면, 도저히 이스라엘 족보에 오를 수 없는 우리도 거기에 들어갈 수 있다는 뜻이다. 이것은 기쁨이고, 영광이고 축복이다. 비록 오벳이 이새를 낳고, 이새가 다윗을 낳았다는 것으로 룻기는 끝났지만 우리 이름도 다윗의 계보에 들어갈 수 있다는 뜻이다. 다만 그것은 하나님을 나의 왕으로 섬기고, 하나님의 백성을 나의 백성으로 섬기는 자에 한해서 가능하다. 그러기에 자기 소견에 옳은 대로 행하는 자가 아니라, 하나님을 나의 왕으로 섬기는 그 믿음에 충실해야 한다.

우리는 이 믿음에 충실한 자인가? 하나님의 언약에 충실하고 그의 명령에 따라 생명을 걸고 순종하는 믿음을 가지고 있는가? 과연 우리가 믿음의 계보를 이어갈 만한 믿음을 가지고 있는가? 베레스에서 다윗으로 이어지는 그 계보는 다윗에서 끝나지 말고 우리가 뒤를 이어 만들어가야 한다. 믿음의 계보를 이어갈 만한 그 믿음이 지금 우리에게 있는가? 그것이 룻기를 읽는 우리 모두의 과제이다.